経験ゼロから長く続ける

起業のステージアップ術

マツドアケミ
akemi matsudo

同文舘出版

はじめに

外資系企業の秘書から雑貨屋さん、バイヤー、ショップコーディネーターとして経験を積み、1冊の本の出版をきっかけに念願のフリーランスとして起業。それから20年近くが経とうとしています。

今でこそ、女性の起業をサポートするブランディング塾の講師やコンサルタントの仕事で実績を作り、海外イベントのオーガナイズ、著書の執筆など「好きなこと」を仕事にできる喜びを実感できるようになりましたが、この20年近くを振り返ると、「よく、ここまでたくさんの壁を乗り越えてきたね」と自分のがんばりを褒めてあげたくなります。

起業というのは、本当に根気のいることです。

「どうせ長く続けていかないといけないのだから、好きなことを仕事にしたい」

外資系の秘書をしていた私は、結婚を予定していた男性との破局から、自分で自分を食べさせていくために、そんな風に考えるようになりました。

結婚をしても、しなくても、自分を養っていくためのお金は必要です。そのために仕事をするとしたら、「どうせだったら好きなことがいい」という気持ちで、長く続けられる、それこそ「私の好きな仕事」を探していました。

その頃の私は「結婚」が永久就職先であり、それ以外のことを考えずに大人になったので、破局からしばらくの間は、何をしたらいいのだろう？　好きなことってなんだろう？　と悩み続けました。

外資系の秘書の仕事はお給料もよかったし、お休みも比較的取りやすく、人間関係も悪くはありませんでした。ただ、秘書という仕事が私には合っていないことは実感していました。

毎朝、目覚まし時計に起こされること、満員電車に乗ることから解放されたいとずっと願っていたので、漠然とではありますが、自由になれる仕事をしたいと考えていました。

宅地建物取引主任者（現在の宅建士）の資格を取り、パソコンを使うデザインの学校にも通いました。そうしてお金をかけたものの、そのどれもがときめかなかったのです。

そんなある日、1冊の雑貨の雑誌に出会います。この雑誌との出会いが、雑貨の仕事をしていくキャリアの出発点になりました。

雑貨屋さんになれば、自分の好きな時間を営業時間にすることができます。かわいいものに囲まれているだけでも幸せを感じられます。そして大好きな海外の国々を旅しながら雑貨の買いつけができる！

これこそ「好き」が仕事になる！ と、雑貨屋さんを運営する企業に転職しました。

当初は雑貨屋さんの開業が一番の目標でしたが、私のプロフィールをご覧になった方はお気づきですよね。現在の私は「雑貨屋オーナー」ではありません。雑貨屋さんは私の今までの「経過」であり、「未来」でもあるのですが、現在は遠からずでも違う仕事がメインとなっています。

現在は会社を経営する社長であり、〝高くても売れる〟小さなビジネスのためのブランディング塾を主宰する講師であり、コンサルタントであり、さらには海外でのイベントのオーガナイザーでもあり、本の著者でもあります。

どれもこれも関係のないように見えるかもしれませんが、実はこれらの仕事は点ではなく、一本の線でつながっています。

私の場合、それが「雑貨」なのです。ひとつの肩書きでは語れない仕事をしていますが、どれも「雑貨」に関連しているのが私の仕事です。

この「雑貨」という「軸」があることが、さまざまなことを乗り越えながら20年近く継続してこられた一番の理由になります。

この本では「長く、好きな仕事を続けるために必要なこと」を書かせていただきました。

これから起業する方にとっては、将来への心の準備になるでしょう。そして起業したけれど、どうもうまくいっていないという方にとっては、自分の現状を確認し、修正していくためのアドバイスになると思います。

まず、起業してから1~2年目にぶちあたる壁、そしてその乗り越え方についてお伝えします。それから、長く続けていくために必要な集客の考え方とリピーターの作り方について、さらにビジネスを広げていくためのチームの作り方と、私が日々感じている「心の持ち方」についてお話しします。

ビジネスを続けていく上では、乗り越えなければならない壁がたくさんあります。
壁をひとつ乗り越えるたびに、あなたのビジネスのステージは上がります。
起業してもなかなか続かないと言われますが、続かないビジネスはないと思います。
もしあるとしたら、「続ける！」という気持ちを手放しているだけ。
続ける気持ちを手放さずに、この本と一緒に壁を乗り越えていきましょう。

経験ゼロから長く続ける 起業のステージアップ術　もくじ

1章 長く続けるための 起業はじめの一歩

2章

自然に買ってもらえる仕組み作り

売り込まずにお客様を集めて、魔法のスイッチを押す！

3章

仕事の安定継続のためにお客様を増やし、リピート率を上げる

4章 チームを作って仕事の質をワンランク上げる

5章 10年後も仕事がうまくいく人のマインド

6章 ステージアップのための課題解決

悩みは成長のサイン

カバー・本文デザイン　ホリウチミホ（nixinc）
イラスト　草田みかん

1章

長く続けるための起業はじめの一歩

私は雑貨屋さんを運営する企業のOLとして働いていた時に、「雑貨屋さんの開業」をテーマにした本を出版し、そのことがきっかけでフリーランスとして独立、起業しました。

雑貨屋さんに就職する前、リサーチのために立ち寄った書店で「雑貨に関する本」のラインナップを見て、将来、ここに私の名前のついた本が並んだらいいなぁ、と漠然とは思っていました。けれど、文章が得意だとも思っていなかったし、もちろん本など書いたこともありません。

雑貨屋さんの開業、運営のスキルが身についていく中で、会社の方針が変わり、ふと、本を出したいという願望を思い出し、出版社に電話し、企画書を送ったらその企画が通り、1999年12月に本を出版する運びとなりました。

執筆中は自分のことや仕事のこと、お客様とのやり取りを振り返り、書き進めていくのがとても楽しくて、編集さんのお仕事が追いつかないほどのスピードで書き上げてしまいました。その時に「文章を書いて生活できる人になりたい!」「著者として自分の経験をエッセイにして書き続けたい」という思いが芽生えました。

文筆家になれたら、私が思い描いていた満員電車に乗らない生活、目覚まし時計に起こされなくてもいい毎日、海外と日本を行き来でき、自分で仕事を選べる状態——これらを全部実現できます。

そうだ！　著者になろう！　そんな思いで、1冊の本の出版を機に独立し、フリーランスになりました。

今思うとかなり無謀です。本を1冊出版した程度では、「先生、次の本もお願いします」と声をかけてもらえるわけではありません。それでも、「書くこと」がとても楽しく、ライターとして実績を積んでいこうと決めました。

イラストレーターの友人に、雑誌で仕事をするためにはどうしたらいいのかを尋ね、自分の仕事をまとめた資料を作り、ひたすら編集部に電話をかけて営業に出るという作戦を教えてもらいました。

「ライターのマツドアケミです。ジャンルを問わず書かせていただけると思いますので、一度面談していただけませんか？」と、憧れていた雑誌に電話をかけまくりました。

それまでずっと「雑貨」関連の仕事をしてきたので、違うジャンルに挑戦したいと、「雑貨」ではなく、好きな「メイク」や「エステ」の企画をいろんな編集部に持ち込んだのです。

面接をしてくれるのは編集長ではなく、編集者さん、アシスタントさんたち。皆さんとても感じよく話を聞いてくれ、最後には笑顔で「何かの時にはご連絡します」と言って送り出してくれるので、すぐにお仕事がもらえるだろうと思っていました。ところが、いつまで経っても電話は鳴りません。

それでも、何社か面談した中でようやく1社、仕事を依頼してくれた雑誌がありました。そこでは、エステのことだけでなく、家電、ペット、恋愛事情など、いろんなテーマで書かせてもらいました。

ところが、いただく仕事は1ページか2ページ程度。1ページに6店舗の情報を掲載する場合には、6店舗に取材依頼をして、6店舗に取材に行き、6店舗の記事を書き、6店舗に確認してもらいます。ようやく編集部に回ると、編集部のチェックが入り、指摘のあった箇所を修正するという作業があります。数日かけてようやく1ページを書いたとしても、雑誌の場合、1ページ単位で報酬が決まっています。ページ単価が5000円ほどのその雑誌だけでは、仕事としてやっていくことはできません。

その頃、雑貨業界への就職をめざす人たち向けの専門学校から講師の仕事をいただき、ライター兼講師としてどうにか生計を立てていました。

もともと目覚まし時計に起こされる毎日が嫌で、満員電車から解放されたくてフリーランスになったのに、お店の開店前に取材するために、OL時代よりも早い時間に目覚まし時計をセットし、早朝のぎゅーぎゅー詰めの満員電車に乗り、取材先のお店でカメラマンさんと合流するという日々でした。

「なんのために起業したのか？」。淡い夢は早くも消え、自問自答の日々でした。

それでもどうにかがんばれたのは、「実績」さえ作れば、もっとページ単価の高いお仕事ができる。実績ができたら本の企画も通りやすくなる。そう信じていたからです。

クタクタになりながらも、数ヶ月、その雑誌のお仕事をさせていただき、そのおかげで他の雑誌の仕事がポツポツと入ってくるようになりました。

そんなある日、提案していた本の企画が通り、2冊目の本の出版が決まりました。やりたくないアポ取りや満員電車での取材に疲弊していた私の気持ちを「もう少しがんばろうよ！」と引き止めてくれたのはこの本です。

本のタイトルは『ZakkaZakka! Tokyo』。東京の雑貨屋さんが200店舗掲載されたガイドブック的な本で、コンビニエンスストアでも販売していただいたことで、3

万部も発行することができました。

東京の雑貨屋さんが200店舗も掲載されているということは、それだけ「雑貨屋さんを知っている人」という「専門家」としての「立ち位置」を示すことができます。ということは、やっぱり自分が経験してきたことが活かせる「雑貨」の分野で営業したほうがお仕事が取れるかも!? と思い、起業してからはじめて「自分の棚卸し」をしてみました。

雑貨屋さんの店員としてのキャリアがあり、本部でのバイヤー経験とショップコーディネーターとしての商品選び、お店作りをしたことがあります。つまりは海外の雑貨情報、雑貨業界のトレンド、ヒットする商品の要素、流行りそうなお店などがわかります。雑貨屋さんとの横のつながり、メーカーさんからの新作情報も入ってきます。他のライターさんより、雑貨業界で経験を積んできた私だから、トレンドを語っても説得力があり、雑誌の読者さんにとって有益な情報をいち早く提供できるという強みにつながります。

そこであらためて、「キャリアを積んできた『雑貨』の企画を立ててみよう!」と覚悟を決めました。そしてこの時、タイムリミットを決めました。3ヶ月間、雑貨ライターとして営業して、それでも仕事が取れなかったら再就職しようと。

営業先を雑貨やライフスタイル系の特集が組まれている雑誌に変更し、雑貨やインテリア、カフェなどに関する営業資料を作り、企画を提案していくことにしました。

最初に出向いたのは雑貨の特集などもやっていた人気雑誌です。当時流行りはじめていた雑貨とカフェの融合ショップの特集記事の提案を持って面接に出かけました。

面談してくれた女性編集者さんとしばらく雑貨について話をし、提案書について説明しはじめると、「すごくおもしろいから、編集長を呼んできますね」と当時の編集長を呼んでくれ、同席していただきました。

するとちょうど2号先の雑誌で雑貨の特集を組む予定があり、目玉になりそうだからと雑貨とカフェの融合ショップの企画をその場で決めていただきました。

雑貨の業界でずっと仕事をしてきたから、雑貨とは違う世界でやりたいと思っていた私ですが、結局のところ「雑貨」が私を助けてくれました。

ページ単価の高い雑誌で10数ページを担当し、その後、雑貨ライターとして、雑貨やインテリアをテーマに特集を掲載していた雑誌社数社へ営業に行くと、憧れていた雑誌でもライターのお仕事がほぼ取れるようになりました。

選ばれるための準備をする

起業してはみたものの、なぜかうまくいかない……。

起業から1～2年目くらいの時期に、自分が本当にやりたい仕事を得ることができず、戸惑っている方は多くいらっしゃいます。

資格はある。技術も持っている。だからといって、仕事が回ってくるわけではありません。

なぜそうなってしまうのでしょうか?

悩みを持つ人に共通するのが、お客様から「専門家のあなたにお願いしたい」と言われる状態になっていないということ。

こんな時、何を意識して、仕事を軌道に乗せていったらいいでしょうか?

「専門家のあなたにお願いしたい」と言ってもらえるようになるまでには、次の3つの段階があると思います。

①まずは量を経験する
②「私といえば！」を作る
③「量」ではなく仕事の「質」を考える

①まずは量を経験する

「コーチングで起業したい」「おうちサロンで起業したい」「ハンドメイド作家で起業したい」など、「○○で起業」という夢を実現してみると、想像とはまったく違う現実が待っていた、ということが往々にしてあります。

「本当はあの人気コーチのように1時間3万円のセッションがしたいのに、1人30

００円の仕事しか取れない」とか、「あの人気サロンのように、高くてもいつも予約が取れない状態になるはずが、同じ金額の私のところへは今日も予約が1件もない」とか。

そんな時、あなたはきっとこう思うはずです。

「本当は私のほうが技術もあって、センスもあるのに！」

「知ってもらえさえすれば！」

そして高額な集客講座に参加したり、人脈作りのためにとお茶会に出てみたり。

そうしているうちに仕事が取れるようになればいいのですが、時間とお金ばかりがかかって、一向に集客できない。単価も上げられない。

こういう人はとても多いのです。

起業は誰でも簡単にできます。でも続けるためには、続けるための「基礎体力」となる**経験と実績**が必要です。

起業直後は、まだあなたの実績も信頼も低い段階。この段階は「やりたいこと」だけでなく、やりたいことに関連する仕事の量をこなして、実績を積み重ねていく時期です。

仕事をはじめたばかりのOLさんも、最初は電話を取ったり、会議の資料をコピーするものですよね。「能力があって、企画力もある私がやる仕事じゃない！」と思うかもしれませんが、与えられた仕事をこなし、全体の流れを覚えることは次につながる第一歩なのです。

電話に出ることやコピーを取ることは当たり前なのだから我慢しなさい！　ということではありませんよ。この段階で「場」の雰囲気を理解すること、仕事の流れを把握することで、誰にどんな話をしたら、自分がやりたい仕事がいち早くできるようになるのかがわかるようになるということです。

結果として、あなたの才能や能力がスピーディに活かされることになります。

仮に、最初から運よく4回転のジャンプが跳べたとしても、金メダルを取るレベルの高難度のジャンプを安定的に跳べるようになるには、日々の練習とひたむきな努力が必要ですよね。基礎ができているからこそ、体の動かし方が自然に身に着くようになるわけです。

仕事も一緒です。最初は花形の仕事ができなくても、花形がどう動くのかを把握できるように、脇役も経験しておくということ。これができることで、仕事の全体が見えてきます。

■「経験」を「実績」につなげる

起業直後のあなたは、いわば「無名の新人」。そのような状態のあなたに仕事を依頼する人は、そう多くはありません。

最初のお仕事を得て、さらに違うクライアントさんからお仕事をいただこうと思ったら、最初のお客様の「声」が一番の信頼と実績になります。

ネットショップの「レビュー」もそれにあたりますね。レビューの数が増えれば増えるほど、新しいお客様は安心してご購入くださいます。

私が駆け出しのライターだった頃、経験を重ねてから再び、知名度が高く、発行部数の多い雑誌にも営業をしました。企画と略歴を持参し、略歴に「どういう雑誌でどういうテーマで書いた経験があるか」を書くことで、「あの雑誌でも書いているんですね」と評価され、憧れの雑誌での仕事がどんどん決まりました。

仕事にブログを活用している人なら、ブログにどんな仕事をしてきたか、そしてお客様の声を掲載していくことで、信頼が積み上がっていきます。あなたの商品、サービスをご利用になったお客様からお声をいただき、掲載の許可を得て、ブログやSNSに積極的に掲載していきましょう。

②「私といえば！」を作る

ライターという仕事がどういうものなのか、はっきりとわからないままに出版の世界に飛び込んだ私ですが、最初はエステやメイク、ファッションの雑誌で仕事をしたいと夢見ていました。ところが、エステやメイク、ファッションのジャンルはすでに活躍しているライターさんが多く、新人ライターが入る隙はありません。

新人が入っていくためには、何に強いのか、自分の得意なことやそれまでの経験と関連性を伝えていく必要があります。

ツテや紹介があれば仕事につながることもあるでしょうが、私の場合には皆無でしたので、だったら自分が「これだったら語れる！」「これだったら企画が作れる！」というところから仕事につなげていく必要がありました。

強み・得意なことを見つけるために自分の棚卸しをしたところ、足りないライタースキルを雑貨業界での経歴、経験で補っていたことに気づかされました。

実はこの「補える点」こそが、あなたが選ばれるようになるポイントになる可能性があります。

誰にでも必ず、特徴となる強みがあります。

ＯＬ経験が長いコーチであれば、「仕事のキャリア」「コミュニケーション」もしくは「恋愛」「ダイエット」など、あなたが経験したことの中で、これだけはとにかくたくさん経験したというものがあるはずです。コーチにその経験値をプラスすることで、あなたの強み、特徴、立ち位置が作りやすくなります。

私の場合は「雑貨」「インテリア」、そしてそれに近いジャンルの「カフェ」などの雑誌でも積極的に仕事をしていきました。また「雑貨の業界をよく知っている人」と

図 自分の強み・弱み・機会・脅威を書き出す

マッドアケミの強み	弱み
・雑貨屋さん開業の本を出版した ・雑貨業界に人脈がある ・雑貨業界のトレンドがわかる ・目利きができる	・ライターとしての経験が少ない ・出版社との人脈がない ・営業が苦手(だと思っていた)
マッドアケミが必要とされる機会	**脅威**
・雑貨屋さん、カフェが大人気！ ・雑貨屋さんを取り上げる雑誌が増えていた ・今後、雑貨、インテリアなどについての執筆はニーズがある	・ライターは世の中にたくさんいる

図「仕事+別の経験」で「強み・特徴」を作る

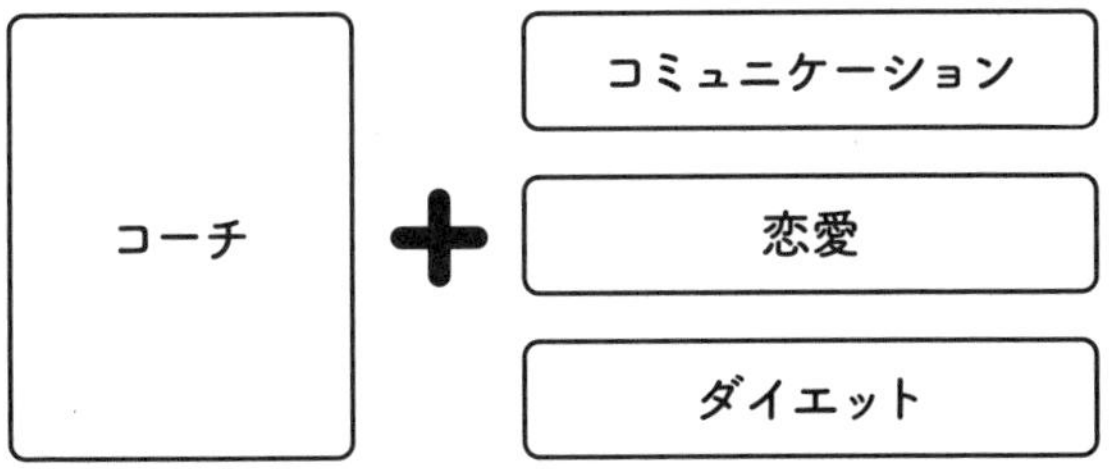

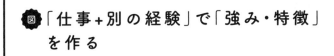

4）プライベートなことで、「やってほしい！」「それいいね！」と
褒められたり、喜ばれたりすることはどんなことでしょうか？

5）自分自身が自信を持ってできること、これだったら
他の人には負けない！　と思うことはなんでしょうか？

6）情熱を持って挑戦でき、失敗しても苦労しても
必ず成し遂げたいと思うことはなんですか？

それはどうしてでしょうか？

7）情熱を持って挑戦したけれど、
もう二度とやりたくないと思うことはなんですか？

それはどうしてでしょうか？

WORK 肩書きを作ろう

1)あなたは何の専門家ですか?

2)今まで経験してきたあなたの仕事を書き出してみましょう。

3)書き出した仕事を分けてみましょう。

得意で喜ばれること:

得意だけれどやりたくないこと:

得意かどうかわからないけれど、「やってほしい」とよく言われること:

苦手だけれど喜ばれたこと:

苦手でやりたくないこと:

いう立ち位置をより強化するために、ライターとして取材をしながら、生の情報を入手し、取材先で雑貨業界のトレンド、簡単なレポートをプレゼントしたりして、コンサルタントとしての仕事も得ることができました。

まずは自分が起業した業界をよく知る。最初から自分が望む仕事がくるとは限らない。だとしたら、まずは自分のジャンルのいろんなお仕事を経験し、経験値を高め、信頼と実績を作っていきましょう。

③「量」ではなく仕事の「質」を考える

徐々に仕事が取れるようになったからといって、いただいた仕事をこなすだけでは、いつまでも「何でも屋さん」「便利屋さん」的な仕事しか回ってきません。

ハンドメイド作家さんのケースで説明しましょう。

ハンドメイドが好きで制作を続けてきたけれど、販売したこともないし、売れるかどうか自信がないという方は多くいます。

そこからイベントに出展したり、SNS上のお客様の声に耳を傾け、自分がどういうもの作りをすると評価されるのかを積極的に取り入れ、作品をバージョンアップさせることができる人は、「どういう作品を作る、誰なのか」が認知されていきます。

一方、自分が作れるものだけを提供している人は、結局のところ「安さ」で選ばれてしまいがちです。

私がライターとして起業した当初は、書かせていただけるだけでもありがたいことでした。締め切りがギリギリの仕事、私の得意ジャンルではないテーマの仕事、とにかくスピードと安価なギャラでも受けることを求められていました。

最初はそれも当然のことですが、起業して数ヶ月で、あることに気づいてしまったのです。

ライターという肩書きだと、雑誌の編集部から受けた仕事を、その雑誌のルールに合わせて書き、納品するのが仕事で、自分が書きたいテーマ、取り上げたい話を書くことができないことに。いつまでたってもそのルールに縛られ、記事の下のほうに「ライター・マッドアケミ」という名前が載るだけ。雑誌から依頼されて取材したお店の原稿が真っ赤な字で塗りつぶされて返され、それを雑誌のテイストに合わせて書き直しをするということも、私がめざしていることとは違う！　と思いました。

そこで「雑貨」「インテリア」のジャンルで雑誌のライターをしていたことから、「マッドアケミ」と冠のつく連載の仕事を取ろうという目標を立て、いつまでに実現するか？　と期限を設けました。

「安価でもとりあえず売れているから……」「この値段だからお仕事をもらえているのだから……」と捉えてしまうと、いつまでたっても仕事の質は変わりません。

そこから卒業するには、自分で「卒業する」と決めて、それに向けて行動しなければいけません。でないと、いつまでも同じ仕事がダラダラと続いてしまいます。

では、どの段階になったら卒業できるかと言うと、結局のところ、自分で決めるしかないのです。

私の場合は未経験からライターとしての経験を積み、次に「雑貨といえばマツドアケミ」という「立ち位置」を作りました。そうして「立ち位置」を作ったことで、今度は専門家として連載の仕事を得ることができるようになりました。

起業してから2年くらいの話です。2冊目の著書を出版し、雑誌で連載を持てるようになったおかげで、今度は自分で仕事を選ぶことができるようになりました。

重要なのは、雑誌で連載を持てたことではありません。**「卒業する」と決意したこと**です。決心したからこそ、それに向けて努力することができました。

量だけをこなしていたら、多分私はライターを続けることはできなかったと思います。

今、「質」を選べない状況だったとしても、「量」をこなすことでたくさんのことを得ることができます。そして「量」をこなす時期は「いつまで」と自分で決めて、その後は「質」で選ばれる自分の見せ方をしていきましょう。

起業した理由を再確認する

思うように仕事につながらないと「なぜ起業したのか？」を忘れ、自分が望まない方向に進んでしまうことがあります。

私の場合はライターの仕事があまりにも来なかった時期に、近所のパン屋さんでアルバイトをはじめました。

「もうこれ以上、通帳のお金を減らしたくない」という思いがあったので、営業に出るための洋服代や交通費が惜しくて、営業に行くのをやめようかと思うまでになりました。パン屋さんでのアルバイトは収入を増やしてはくれませんから、お金の維持もむずかしくなります。

そんな私に、知り合いの大御所スタイリストさんがこう言ってくれました。

「なんのために起業したの？」

そこでハッとしました。

私は好きな仕事で自由を手に入れたかったはず。時間にも、誰かが決めたルールにも縛られず、自分が好きなことで、それこそ海外に行っていても仕事ができる、そんな自由を手に入れたかったのです。

ところが、現実の私はライターの仕事が入らず、近所のパン屋さんでバイトをする日々。ライターとしての営業のためのお金は仕事に必要な経費で、そこを削ってはいけないことすら忘れていました。

長く仕事を続けていくと、起業の理由、起業して成し遂げたいと思っていることを再確認する機会がなんども訪れます。

起業前のあなたにも、起業後のあなたにも、ぜひ今取り組んでほしいのが、あなたの起業ストーリー作りです。

帽子教室・シンプリンを運営している岡部淳子さんは子供の頃から、うまくいかないことがあると、なんでも途中で諦めてしまう子だったそうです。そんな淳子さんが経験したのは阪神淡路大震災。悲しいお別れがいくつもあった中で自分が生きている意味を、まるで自分を責めるかのように考えるようになったそうです。

　そして出会った1冊の帽子の本。帽子など作れるはずがないと思っていたものの、あまりの美しさに惹かれ、その本の著者の先生のもとに通って帽子作りをはじめたそうです。ご本人いわく「猛烈な劣等生」だったということですが、先生がいつも褒めてくれるのが嬉しく、そして帽子ができ上がるごとに自分に自信を持てるようになっていったのです。いつもだったら、うまくできなかったら諦めてしまっていた淳子さんですが、帽子だけは続けることができたそうです。

帽子教室・シンプリン　主宰　講師　岡部淳子さんのストーリー

帽子作りと出会う前の私はなんの取り柄もない平凡な子でした。
その上苦手なことからはすぐ逃げてしまう弱さがありました。
そんな私が変わりたい！　と思うようになったきっかけは、阪神淡路大震災。
せっかくいただいた命、逃げずにきちんと全うしなくてはいけないという気持ちが生まれました。

そんなある日、私は美しい帽子の本と出会ったのです。それが帽子デザイナー平田暁夫先生の本。

本の中にある帽子に魅せられ、ハンドメイド経験は家庭科だけだったのに、先生の本格的な帽子教室へ入学。

クラス1の劣等生でしたが、楽しかった！

「貴方らしい素敵な帽子が必ず作れるようになる」という先生の言葉に励まされながら、帽子作家への道を進むことを決めました。


でも最初はとにかく売れない……

今までの私なら逃げてしまったはずです。

でも、なりたい私は逃げない私！

うまくいかない時は先生からの励ましを心で唱えながら、前だけを見て進む。

帽子を作り続けることは、私に少しずつ小さな自信を与えてくれたのです。

帽子作家として自信がついた頃、今度はリーマンショックで帽子が売れなくなりました。

それなら帽子教室をしてみよう。

帽子教室の初めての日。

ちゃんと作れるかな？　最初はぎこちない手つきだった方から、少しずつ、私が帽子づくりをはじめた時に感じた「私でも作れるという小さな自信」が伝わってきました。

そしてハンドメイドの楽しい時間を共有する幸せも。


私にとって帽子教室は、作ること、そして被ることで、自信と新しい魅力をお伝えすることのできる、とても充実した空間となったのです。

私にとって何より大切な宝物は、帽子を作った方、被った方の笑顔です。

嬉しいなという喜びです。


お気に入りのものを作っていく心ときめく満たされた時間、似合う帽子は、被るだけでその人の〝素〟を一瞬で引き出してくれる魔法のアイテム。

どんな人にも必ず似合う帽子があります。

今より一歩前へ。あなたの魅力を引き出し、自信につながる、そんな自分をもっと好きになる！

「帽子&帽子作り」を、丁寧に一人ひとりに寄り添いながら届け続けることがシンプリンのミッションです。

シンプリン　https://simprin.jimdo.com/

この起業ストーリー作りに取り組んだことで、淳子さんは帽子教室がとても好きなこと、そして自分を成長させてくれ、自分の人生にとってかけがえのないものとなっていることに気づかされたそうです。

「今までは目の前のことに必死で、どこに向かっているのかよくわからず、不安もありました。でも今はストーリーを通して自分の中にしっかりと軸ができて、今後は壁にぶつかることがあっても、それを解決して進んでいけるという自信と安心感が生まれました」（淳子さん）

4)今の仕事を実現するための挫折・壁・障害

5)乗り越えるためにがんばったこと、目標

6)現在のあなた
どんな思いでどんな人に今のあなたのビジネスを伝えたいのか?

WORK 起業ストーリーを作ろう

1）幼少期からの印象的なエピソード

2）成長していく中での印象的な出会いについて

3）今の仕事のきっかけになったエピソード

お客様の心を動かすストーリーにするための3つのポイント

■①現状と過去の挫折、目標が逆算されているか？

現在のあなたは、過去に起きたたくさんのエピソードが積み上がってできています。つまり逆算して考えると、たくさんのエピソードの中からクローズアップするべきエピソードがちゃんと見えてきます。

ストーリーを書くとき、どうしても「あれも」「これも」とエピソードを詰め込みすぎてしまうことがありますが、なるべくシンプルに！

ありがちなのが、エピソードを書きすぎてA４用紙10枚くらいになってしまう例です。興味がある人は読んでくれるかもしれませんが、ほとんどが読まれず、単なる自己満足で終わりがちです。読んでくれる人にとって負担のない量、A４用紙１枚を意識しましょう。

■②一貫性があるか？

ストーリーを作る上で大事なのが一貫性です。取り上げるエピソードを間違えてしまうと一貫性がなくなり、読む人の心に響かないものになってしまいます。

あなたが伝えたいことが「関わる誰もが平等である」というエシカルな考え方なのに、関わる人たちとの猛烈な原価交渉が壁となっているストーリーや、利益を全部独り占めするような価格設定をしていたとしたら、一貫性を感じ取ってもらえません。

ストーリーと人に一貫性があるか？　を意識してください。

■③成し遂げたいことを伝えているか？

ストーリーの最後で、あなたの決意、ミッションを伝えましょう。最後まで読んでくださった方に「共感します！」と言ってもらえるのは、「こういう経験・物語があるから、この人はこれを成し遂げたいんだ」とスムーズに伝わるストーリーです。ストーリーの最後は必ずミッションで締めくくりましょう。

「好き」を掘り下げて土台を作る

もの作り、ハンドメイドをしている私の受講生さんに「なぜこの仕事をはじめたの？」と起業のきっかけを聞くと、最初は誰もが「ハンドメイドが好きだったから」と話してくれます。

同じように聞こえる「ハンドメイドが好き」という言葉も、掘り下げていくと、「小さな頃からお母さんが手作りしてくれたお洋服を着ていたから」とか、「高校生の頃、流行っていたデニムのバッグを手作りしてみたらお友達に褒められたから」など、さまざまな思い出のエピソードがどんどん出てきます。

最初は点でしかなかったエピソードを書き出していくと、線でつながってくるポイントが見つかります。

自分にとっては「当たり前」すぎること、「普通すぎる」と思っている話でも、線でつながることで、なぜあなたがそのお仕事をはじめたのか？　つまりは起業ストーリーとしてまとめることができます。

「私にはめずらしい話は何もないと思います」と言っていた方も、私の講座のワークを通して、自分がもの作りをはじめた本当のきっかけに気がつき、熱い思いがこみ上げてきて泣き出す人たちがたくさんいます。

大げさに聞こえるかもしれませんが、本当の話です。

そうして自分ですら気がついていなかった起業の思いに気がつくと、今度は自分の仕事の素晴らしさを再確認できるようになり、どういう人にどんなサービスを提供したいのかが、あらためて明確になります。

ストーリーを作ること＝あなたのお仕事の土台を作ることでもあります。

どんなに美しい家でも基礎工事がしっかりとされていなければ、雨風に倒されてしまいますよね。本当の美しい家（ビジネス）は基礎となる土台（ストーリー）がしっかりと固まっていることです。ストーリーがあることでどんな試練でも壁でも乗り越えられる強さになります。

「お客様」は誰で、何を伝えればいいのか？

仕事がなかなか軌道に乗らない原因は、いくつかあります。そのうちのひとつが、「誰に・何を伝えるか」を間違ってしまっているケース。

私も起業直後から「売れない」経験をしてきました。その理由は明確です。「なんでも書きます」と伝えていたからです。

起業のご相談でよくあるのが、資格を取得して「私にはこの資格があります」としか伝えていないケース。「困ったことはなんでも聞きます」。つまり私の例で言うところの「なんでも書きます」と一緒です。

そもそも編集部にも「コンセプト」があり、毎号ごとに「企画」があります。その「コンセプト」や「企画」があって、はじめて「それを書けるのは誰かな？」とライターの人選になります。

どんなお客様も、「私はこれに困っているから解消したい」と考えていて、その上で、それを解消してくれる人を探します。

つまり**「持っている資格」を探しているのではなくて、「解消してくれる人」を探している**のです。

「買う」側は、「自分に必要！」と思うから購入してくれるわけです。

お客様は自分に得がないと興味を示してくれません。つまり**誰だったら興味を示してくれるか**ということと、**なんて伝えたら興味を持ってくれるのか**を考える必要があるのです。

私を例にご説明しましょう。ハンドメイド作家さんに向けた自己紹介文の例です。

A「私は本を13冊出版していてブランディング塾をやっているマツドアケミです」

B「2000円でも売れなかったハンドメイド品を1万円にして売るためにはどうしたらいいのか？　を教えているマツドアケミです」

続いて、講師業の方に向けた自己紹介例です。

A「私は本を13冊出版していてブランディング塾をやっているマッドアケミです」

B「毎回、毎月集客しなくても自然にお客様が集まってくる方法をお教えしているマッドアケミです」

あなたは、AのマッドアケミとBのマッドアケミのどちらと友達になりたいですか？

この例をご覧いただくとおわかりになるかと思うのですが、Aがまさに「自分の持っている資格」しかお伝えしていないケースで、Bは「相手に対して何ができるのか」をお伝えしているケースになります。

当然ながら私は、毎回Bパターンで自己紹介をしています。

もし、仕事がなかなか軌道に乗らない状況にあるとしたら、お客様に自分を知ってもらおうと営業活動やSNSでの告知に励む前に、伝え方を間違えていないかを再確認する必要があります。

私の場合は、仕事でもそうでないときでも「なんてお伝えしたら興味を持ってくれるのかな?」を常に意識してお話ししています。

お客様にとって他人事にならないように、「ね、私はあなたのお役に立てるのよ」を意識してお伝えできるようになりましょう。

売れないのは選ばれていないから。選ばれるためにも、あなたが提供するサービスは「誰」が必要としてくれるのかをもう一度振り返ってみましょう。それがあなたのお客様の「ペルソナ」です。

4）あなたがそのお客様に力を貸してあげられることは
どんなことですか？

5）あなたが力を貸すことで、そのお客様は
どんな未来を手に入れることができますか？

※このワークで、あなたが商品、サービスを提供できるお客様が明確になり、
自分が何をすれば役に立てるのかもわかるようになります。

WORK あなたのお客様は誰ですか？

1）そのお客様はどのようなことで悩んでいますか？

2）そのお客様は、本当はどのような未来を手に入れたいと
思っていますか？

3）そのお客様が理想の未来を手に入れることができないのは、
どのような壁（課題）があるからだと思いますか？

2章

自然に買ってもらえる仕組み作り

売り込まずにお客様を集めて、魔法のスイッチを押す！

2冊目の著書が出版されたのと同時に、私は自分のHPを立ち上げました。

当時はまだブログやHPを持っている人は少なかったのですが、偶然にも知り合いがHPの作成を学んでいて「練習になるから」と無料でHPを立ち上げてもらえることになりました。HPを持っていたことがきっかけで、ライターの仕事ではなく、企業からのお仕事の依頼が入るようになります。

その時にお受けした仕事のひとつが女性向けのライフスタイルショップのプロデュースでした。国内外から仕入れたインテリアや雑貨、ハンドメイド品を扱うお店を立ち上げ、そこから数年間、私はお店のプロデューサーとして商品の買いつけ、スタッフ育成、広報などお店のブランディングに関するすべての仕事に携わるようになります。その後、だんだんとお店もスタッフも成長し、私の手から仕事が離れていくように。そんな状況で、次に私ができることはなんだろう？　と考えるようになりました。

雑貨屋さんの一店員から店長になり、本部でバイヤー、営業、ショップコーディネートの仕事をし、雑貨屋さん開業の本を1冊出版したタイミングで独立。右も左もわからないままライターになり、そこからコンサルティングの仕事、ショップのプロデュース業を経て、40代も半ばに差し掛かり、自分のやりたいことを前面にやっていくのではなく、誰かの夢を応援できるようになりたいと思いはじめていました。

頭に浮かんだのは、雑貨屋さんの開業法を教えるスクールで、それが現在も続く「雑貨の仕事塾®」の原型になります。

お店をプロデュースしながらスクールを立ち上げ、軌道に乗せるつもりでした。

雑誌で雑貨の特集が組まれるくらいだし、雑貨屋さんの開業に憧れる女性は多くいると思っていました。また、その時点で5冊の本を出版していたことで、自分は業界の「専門家」という意識もありました。スクールを立ち上げたらすぐに人が集まり、うまくいくだろうと考えていたのです。

ところが、講座を作ってもなかなか人が集まりません。その当時の私は、「こんなにお役に立てる講座はないのだから、とにかく知ってもらえさえすれば……」と集客に頭を悩まされるようになりました。

当時の「知ってもらうための方法」といえば、雑誌に広告を出したり、チラシを撒くことくらい。雑誌広告はお金がかかるし、チラシを撒いたとしても遠くから通ってくれる人はいないだろうし、HPはあるものの、HPからお客様を誘導できるのは一部のインターネットに強い人だけ、と思い込んでいたのです。

お店のプロデューサーを離任し、いよいよ本格的に講座を開催したものの、参加者はひとりか、2人。数回に一度は講座を開催できずにキャンセルすることも。「人気ショップのプロデュースをしていたのにな……」。少し前の過去を振り返っては情けなく感じました。起業して幾度となくピンチが訪れ、そのたびにどうにか乗り切ってきましたが、この時ばかりは、本当に崖っぷちでした。通帳の数字が毎月どんどん少なくなっていきます。小さなプライドにはもう頼れない……。そんな状況で、求人情報を見てはため息をついていたことを覚えています。

そんなある日、記事を執筆したマーケティングの雑誌の見本誌が届きました。私の書いたページを何気なくめくり、隣のページの特集を見て衝撃を受けました。「小さなお店がツイッターで集客に成功！」、そのようなタイトルの特集でした。

新しいもの好きの私は、その半年前に、話題になりはじめていたツイッターのアカウントを取得し、何冊かツイッターに関する本も読んでいました。ところが流行りものに乗っかった程度の気持ちだったので、アカウントを取っても放置状態。そこに「ツイッターで集客ができる！」という記事を目にしたのですから、びっくりです。

そのタイミングで、参加していた女性起業家向けのメーリングリストから、「ツイッター集客講座」の情報が流れてきました。すぐに申し込み、セミナーに参加したところ、なんと記事を書いた人がセミナーの講師だったのです。同じ女性起業家仲間ということで、セミナーの後に2回ほどマンツーマンでツイッター集客について教えていただき、3ヶ月でフォロワーさんを5000人まで増やしました。

すると、それまでは数人しか集められなかった講座を満席にすることができるようになったのです。

3ヶ月間ツイッターに取り組むことで、ツイッターは私の開催する講座の申し込みの窓口のひとつであることがわかりました。ということは、申し込みの窓口を増やせば、より集客ができる！　そう思い、次にブログに着手しました。

ブログのブランディングの本を数冊読み、ブログ集客のスクールにも通い、ブログと講座の集客をさらに強化させていきました。

ネットやパソコンに詳しい人でないと、ネットで集客はできないと思い込んでいた私でしたが、実はとても簡単なルールを覚えるだけで、ネット集客ができるようになったのです。さらに、この頃に覚えたのが、ネットを使ったビジネスを成功させるために一番重要なモノです。それが「お客様リスト」です。

「興味のある人」に集まってもらう

ここからインターネットを使って「お客様が自然に集まってくる集客の流れ作り」を説明していきましょう。

1章であなたのストーリー作りとペルソナ設定をしました。ストーリー作りで、あなたが本当にお役に立ちたい人が誰なのかを再確認し、具体的な人物像をペルソナとして設定することで、その人は何に悩み、何を解決したいのか、何を得たいのかがはっきりします。

ペルソナに、その解決策、得たいものを提供しているのが「あなた」だと知ってもらうことによって、見込み客になります。

では次に、悩みや得たいものを持っている人たちにどうやってアプローチしていけば売上につながるようになるのかを考えていきます。

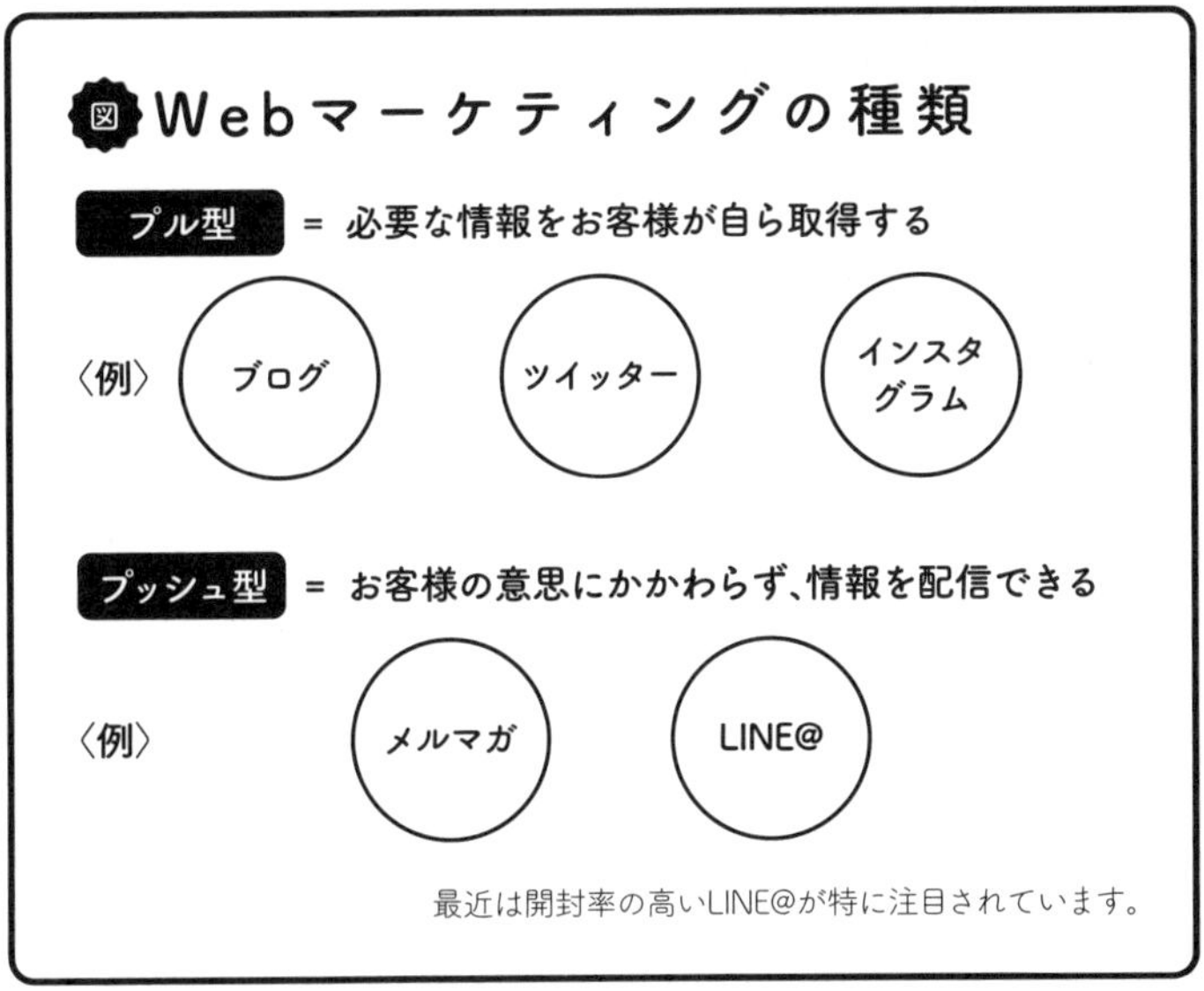

図 Webマーケティングの種類
プル型 = 必要な情報をお客様が自ら取得する
〈例〉
ブログ
ツイッター
インスタグラム
プッシュ型 = お客様の意思にかかわらず、情報を配信できる
〈例〉
メルマガ
LINE@
最近は開封率の高いLINE@が特に注目されています。

■売上よりも大事なこと

ネットを使ってビジネスをする上で最も欠かせないのが**顧客リスト**と言われています。顧客リストとは、お客様のメールアドレスやLINE@のアカウントなどです。顧客リストがあると、自分の商品やサービスを**売りたいタイミングで簡単に販売することができる**ようになるのです。

最近では、小さなビジネスを展開している方は皆さん、上手にSNSを活用しています。ブログやツイッター、インスタグラムだけでビジネスを成立させている人もいます。作った商品をSNSに掲載し、問い合わせがあったら購入までの流れをお伝えし、お客様にご購入いただくという流れです。

今の時代、もちろんそれも成り立つでしょう。ところがこの方法では、お客様が見てくれるのを待つしかありません。ブログを見てくれたら購入につながる、ツイッターを見てくれたら購入につながる……これでは運がビジネスの結果を左右することになってしまいます。

一方、顧客リストがあれば、販売したいものと時期を決めたら、その情報をお客様のスマートフォンへダイレクトに送信できます。

待っている状態ではなく、こちらからお届けできるようになるのです。

興味がある人に価値を渡して試してもらう

では、どうやったら顧客リストを集めることができるのでしょうか？　私が実践している顧客リストの集め方をご紹介します。

まず、あなたのお客様が抱えている悩みや実現したいことに関連する簡単な動画を作ります。

私の場合には「雑貨屋さん開業と運営のための6つの秘訣」という動画を作り、YouTubeと自社のHPにアップしました。

もうひとつ用意したのが、ステップメールを使った無料のメール講座です。ステップメールとは自動で順番にメールを配信できる、メールを使ったマーケティングツールです。たとえば今日、申し込みをしてくれた人には今日1通目のメールが配信され、明日には自動的に2通目が配信されるという具合です。申し込んでくれた人に順番に届くので、誰に何通目を送ればいいのか混乱することなく配信することができます。

事前にメールで講座を作り、それをステップメールが配信できるメルマガスタンドを使って配信していきます。私の場合には「夢をかなえる！　雑貨屋さん」という無料のメール講座を作り、10日間、計10通のメールで雑貨屋さん開業の秘訣をお届けしました。

まずはツイッターやブログで、「雑貨屋さんを開業したい人向けの動画を無料で公開しています」と配信し、「雑貨屋さん開業と運営のための6つの秘訣」の動画を視聴できる自社のHPにリンクを貼ります。動画の下には「もっと詳しく雑貨屋さん開業について学びたい人には無料のメール講座を配信しています」と無料メール講座「夢をかなえる！　雑貨屋さん」の申し込みフォームを貼っておきます。

興味のある人が動画に集まり、さらに、より深く学びたい人が無料メール講座を受講するためにメールアドレスを登録してくださるという流れになります。

私の場合は動画を用意しましたが、ステップメールを使った無料メール講座の配信や、ワークシートや冊子のダウンロードによってもリスト集めが可能です。

ハンドメイドの講師なら刺繍の図案やアクセサリーの作り方など、パーソナルスタイリストの方なら「似合う色の見つけ方」や「スカーフの巻き方 アレンジテクニック」などをプレゼントすることで、リストを集めることができるでしょう。

今はこの動画とメール講座は配信していませんが、私はこの仕組みだけで1000以上のメールアドレスを集めることができました。それ以外にもハンドメイド作家さん向けのメール講座や動画講座を年に3〜4回ほど配信してきました。いずれも**お客**

様が「知りたい」と思う内容をメール講座や動画にすることで、見込み客が集まってきます。

こうしてメール講座、動画講座にご登録いただいた人の数は延べ3万人以上にのぼります。この顧客リストがあることで、自分が本当に販売したい講座のご案内、その後の商品・サービスのご案内を直接スマートフォンにお届けすることが可能になり、つまりは売上が上がる仕組みができるわけです。

単に「メールマガジンに登録してね」と呼びかけても、ほとんどの人は記入してくれません。だからこそ、先にメール講座や動画講座といった**価値をお渡しし、自分のサービスをお試ししてもらう**必要があります。お試ししてもらった上で、その後もメールマガジンなどでつながりを深めていくことが大切なのです。

ブログもSNSも大事なものですが、**一番大事なのは顧客リスト**です。

私もツイッターやブログ、フェイスブックを使い、最近はYouTubeにも力を入れています。

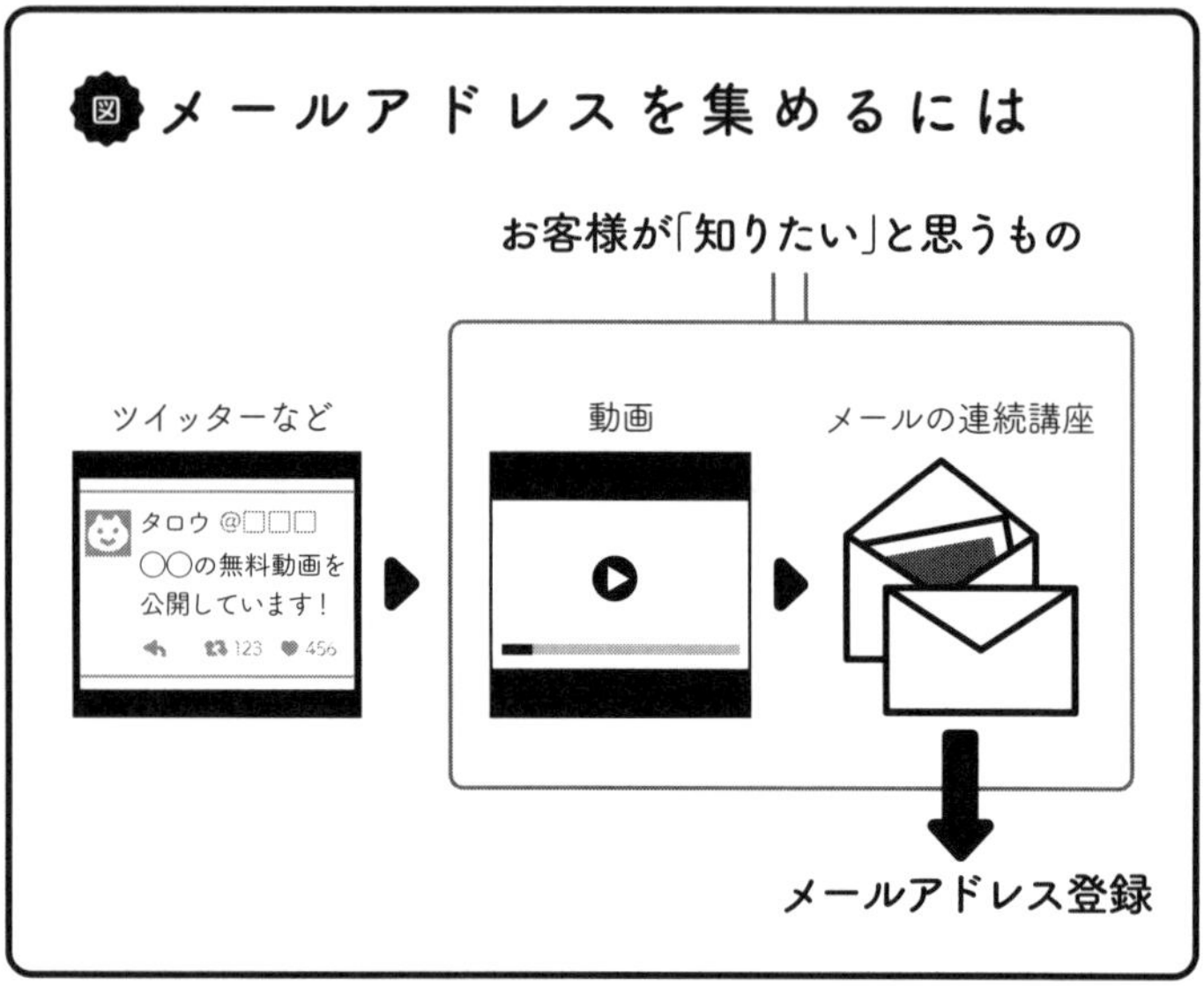

ただし、これらのツールはすべてコミュニケーションツールと言われるもので、本来は営業ツールではありません。ですから、頻繁にセミナーや講座の話をすると、フォロワーさんから「この人、苦手だわ」と思われてしまうかもしれません。

私はセミナー集客や講座のご案内にも役立てていますが、基本的に、未来のお客様と出会うためにこれらのツールを活用しています。

ブログやSNSは売上のために使うのではなく、「お客様のリストを集めるため」のものだと捉えましょう。

■メールマガジンの配信スタンドを用意しよう

ブログやSNSだけに集客を頼ると、お客様はあなたが書いた記事を読んだ後にすぐに立ち去ってしまう可能性があります。せっかくあなたの商品やサービスに興味を持っている人がブログやSNSにたどり着いてくれたのですから、長くおつき合いいただきたいですよね。そのために無料で試してもらえるプレゼントをお渡しし、お客様リストをいただけるようにしましょう。

お客様リストを集める際に重宝するのがメールマガジンの配信スタンドです。私の場合、ツイッターやブログでの集客を覚えたタイミングでリスト集めのために、メールマガジンの配信スタンドと契約をしています。61ページで紹介したステップメールを設定できる機能も、このメルマガ配信スタンドにあります。

インターネットで検索するとたくさんのメルマガ配信スタンドがあり、無料ではじめることができるものもあります。私は長年「アスメル」というスタンドを使っています。

メルマガスタンドがあると、無料のメール講座を配信するだけでなく、セミナーの申し込み受付を自動化したり、有料の講座をほぼ自動で販売することもできます。

たとえば、セミナーやワークショップに申し込んでくださった方、一人ひとりにお返事するのは大変ですよね。参加者が増えるほど、ご案内漏れが起こる可能性も高まります。

そこで、セミナー申し込み後にご案内したい文面をあらかじめ用意しておき、お申し込み直後にそのメールが配信されるようにしておきます。入金確認は自分でする必要がありますが、その後はセミナー開催の前日に、参加者に一斉にリマインダーを配信するよう予約しておけば、受講生さんにご案内が漏れることなくお届けできるので、安心してセミナーを開催できるようになります。


雑貨の仕事塾Ⓡの認定講師で、トールペイントの講師でもある小澤美智子さんは、日本の和柄と西洋のトールペイントを合わせた美智子さんのオリジナル講座・和柄トールペイントの講座をステップメールの機能を使って、ほぼ自動で販売しています。

その流れは、最初に和柄トールペイントアクセサリー作りの5日間の無料メール講座にご登録いただきます。その講座の中で有料の講座をご案内し、興味を持ってくださった方にご購入いただきます。その後、入金の確認をし、そこからは美智子さんが自動で設定しておいたステップメールを毎週1通、配信していくというものです。レッスン用の動画のURLを貼って配信するものと、そのレッスン用の動画を補足説明するメールを配信するなどして受講生さんのサポートをしていきます。

この方法だと、一度メールで講座を作ってしまえば、あとは何回でも活用することができます。

雑貨の仕事塾®でも2週間に一度、動画講座を受講できるサービスをステップメールで自動配信しています。

このようにメルマガの配信スタンドがあることで、無料講座で顧客リスト集めをするだけでなく、講座運営のための受講生さんの管理、有料の講座販売で、収益を上げるもう1本の柱を作ることも可能です。

大人のペイントクラブ　Wagara Deco　http://decorbb.com

① フェイスブックやブログに１分以内の動画を投稿

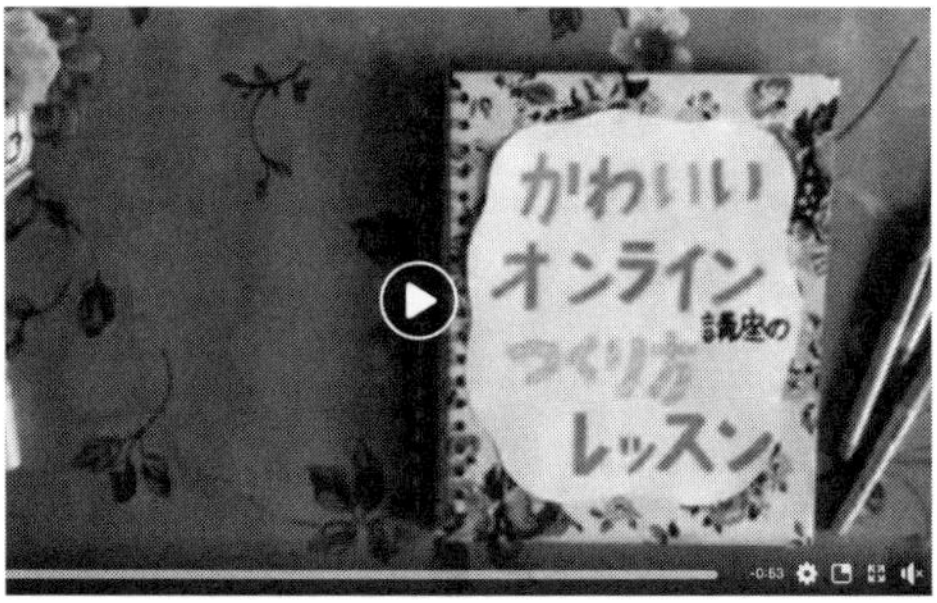

▼

② 無料動画セミナーの申し込みを受けつけるための
LP（ランディングページ）を用意

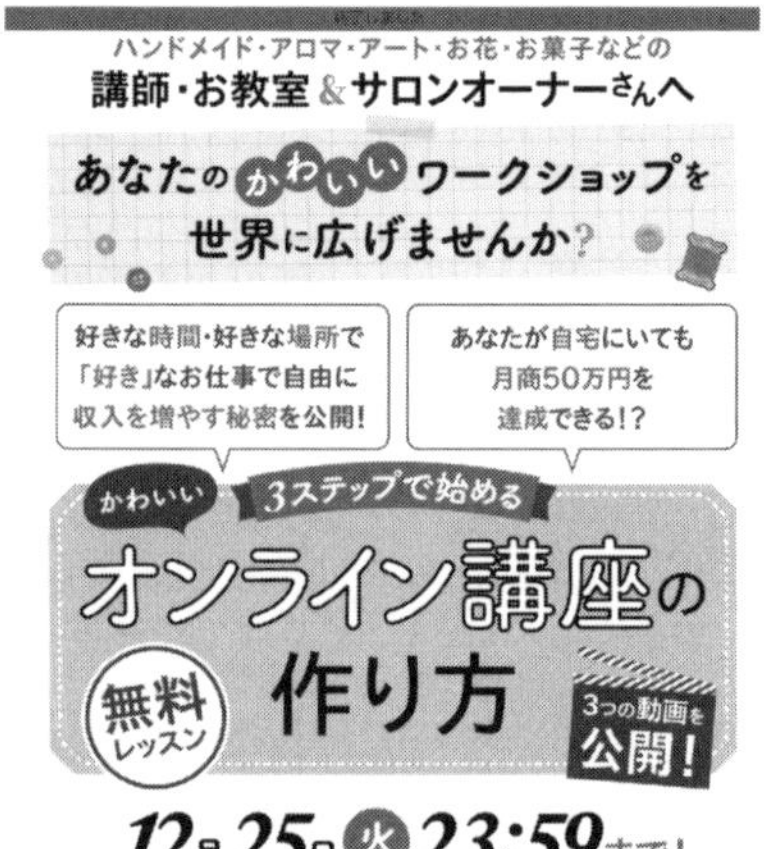

▼

③　②で申し込みのあったメールアドレスにステップメールを送る
メルマガ配信スタンド
「アスメル」（https://www.jidoumail.com）
「ベンチマーク」（https://www.benchmarkemail.com/jp/）
などを活用。

■講座の集客にも活用できる

寺崎薫さんは病気や怪我などで片手しか動かせない人たちのための、片手で作れて、片手で教えられて、片手で身につけられるというバリアフリーなアクセサリー作りの教室、ユアミューズを運営しています。

薫さんは最終的には、メイン講座であるバリアフリーアクセサリー講師を養成する講座をご購入いただくことを目的に、顧客リストを集めることにしました。

最初に準備したのは、片手だけでアクセサリーを作れるようになる動画。この動画に興味がある人をフェイスブックやブログ、LINE@などで募集しました。

そうしてお客様のメールアドレスやLINE@からお友達を集め、動画を視聴してくださった方、つまり「バリアフリーアクセサリー講師養成講座」に興味を持ってくださったお客様に、無料の体験ワークショップと講座の説明会を開催しました。

この方法だと、興味がある人だけが集まってくるので、本当に必要な人にだけご購入いただけるのが利点です。また、薫さんと実際に会う前に動画をご視聴いただくことで親近感が増し、売り込むことなく、自然に購入に結びつきます。

バリアフリーアクセサリー　ユアミューズ　https://urmese.tokyo

物販ならプレゼントキャンペーンでリストを集める

講師やコンサルタントではなく、物販をやっている場合は、どのようにして顧客リストを増やしていったらいいでしょうか?

物販では、メールマガジンやLINE@などに登録してもらうための「キャンペーン」を定期的に実施します。「今、メールマガジンにご登録いただくと、抽選で3名の方に○○をプレゼント！」というような企画です。

この場合、プレゼント目当てに登録する人たちもいますが、そのことを気にかけるより、まずは拡散し、リストを集めることのほうが重要です。

そのために活用できるのが、SNSです。SNSにキャンペーンの概要を投稿し、リツイート、シェアをお願いします。リツイートとシェアでたくさんの人に見てもらえるきっかけができます。

■フェイスブックのお友達つながりで「シェア」の応援をしてもらう

近年はブログやSNS集客は当たり前ではありますが、実はブログもSNSも使えるようにするには育てていく必要があります。フォロワーさんがゼロに近い状態では、集客するのはまず無理です。

アメーバブログであれば読者さん、インスタグラムやツイッターであればフォロワーさん、フェイスブックで言うとお友達の数が必要です。

私もブログのブランディングをしている時は1日に6記事ほど投稿し、読者申請も毎日自分でやっていました。目標の読者数は1000人でしたが、200人ぐらいの読者さんができると、あとは自然に読者さんが増えていきました。

ツイッターに力を入れていた時は、3ヶ月間はとにかくフォロワーさんを増やす、フォロワーさんと交流する時間を作っていました。ツイッターもまずは100人をめざしていくといいと思います。

ブログやSNSは育てていく必要がありますが、最近は「リツイート」や「シェア」の機能によって、自分ひとりでがんばらなくても情報を広げることができます。シェアしてほしい情報に「拡散希望」と書いておくと、それを見たフォロワーさんがシェアやリツイートをしてくれる可能性もあります。また友達、友達の友達のつながりでシェアを広げやすいのはフェイスブックになります。

本好きさんのための本専用バッグを企画した「こりすのほっぺ」さんは、2018年12月にクラウドファンディングで「ブックキャリー」の販売をスタートさせることになりました。目的はクラウドファンディングでのサクセスですが、クラウドファンディングサイトへの投稿だけでは広く知ってもらうのはむずかしいと感じ、フェイスブックにブックキャリーの企画に至った経緯、背景、制作した2人の思いを投稿し、拡散のためのプレゼントキャンペーンを実施しました。

次のページが、実際の投稿内容です。

こりすの ほっぺ
2018年12月21日 ·

とうとう始まりました！

本を持ち歩きたい！そしてすぐ読めるようにしたい。
本当にそう思ったのは2018年の春でした。

それまでも旅行の時、子どもの習い事の待ち時間
本を持ち歩くということは多々ありました。

そういう時は、大抵思いつき
「そうだ　本持っていこう！」

だけどすでに、バッグの中は必要なもので満員電車状態。。

慌てて、汚れないようにビニール袋や布巾着に入れて
どうにか持って出る。

そのまま持ち歩いた時なんかは、
角が擦れていたりちょっと汚れてしまったりして
あぁ。。と悲しい気持ちになることも。。

そんなことを繰り返しながら、
子どもも大きくなり、自分の時間が少しずつ持てるようになったある日、
一人で小旅行のチャンスが。

初めての一人旅。旅には本でしょ♪

嬉しいワクワクと同時に出てきた一人旅への少しの不安も
大好きな作家さんの本と一緒なら☆
その本をお守り代わりに身に付けて、すぐ手に取れるように持っていきたいな

でもいつものビニール袋や巾着じゃすぐに読めない。。
パッとすぐに手に取る方法を。。。

と思いついたのが、この「ブックキャリー」でした。

本のサイズを測ったり、
自分用だからと好きな布柄を選び、ワクワクしながら試作。

どうにか旅行前日にできあがり、
一緒に旅行に持って出てみると
新幹線の待ち時間に立ったまま読めることに感動！
かばんの中で本が折れてしまわないかハラハラすることもなく旅行も楽しめ素敵な思い出になりました。

商品作りの背景

私のように
好きな作家さんの本を持ち歩きたい。
通勤や待ち時間、少しの時間にも本を読みたい。
他の荷物と分けてきれいに持ち歩きたい。

そんな同じ思いの方はいらっしゃるはず。
これは本好きさんに本当におすすめしたいバッグです。

どういう人にお勧めしたいのか

普段はハンドメイドで入園入学グッズを手作りしている私たちですが
今回はたくさんの本好きさんに知ってもらいたい使ってもらいたい
という思いでMakuakeにてクラウドファンディングに挑戦中です。

やらなくちゃ！が多い日常
心の中もギュウギュウ押しつぶされそうな満員電車になってませんか。

本は、そんな私たちに元気やワクワクをたくさんくれるものだと思います。
そんな本をこれからも大切に読んでいきたい。

このブックキャリーが、皆さんの 本との日常に
少しでも豊かさをもたらす手助けとなりますように
皆さんの心にもステキな余白ができますように。

＋＋＋＋＋＋＋＋＋＋＋＋＋＋＋＋＋＋＋

期限を設ける

少しでも共感いただいた方にぜひシェア・コメント・いいね！をして頂けましたら励みになります。
この投稿を2019年1月5日までコメント付きのシェアしていただきました方の中から
抽選で1名様にブックキャリー文庫本用ハードカバー用どちらかをプレゼントさせていただきます。
プレゼントは1月6日以降、厳正なる抽選のうえFBのメッセンジャーからご連絡させていただきます。
お名前ご住所をお聞かせくださいね。

＋＋＋＋＋＋＋＋＋＋＋＋＋＋＋＋＋＋＋

本が好きなたくさんの方へこのプロジェクトが届きますように
皆様のご協力をよろしくお願い致します。

プロジェクトページ
↓ ↓ ↓ ↓ ↓
https://www.makuake.com/project/bookcarry/

※リターン購入いただく際にはMakuakeのアカウント登録が必要となります。
※Makuake新規アカウント登録
https://www.makuake.com/login/

ぜひご覧になってください。
そしてコメント付きのシェアをよろしくお願いいたします。

■シェアにつながる投稿のポイント

1　商品作りのきっかけとなった動機や自分の思いについて伝える

　こりすのほっぺさんの場合には「とにかく本が好き！」という点と、いつも持ち歩いている大切な本だから汚したくないという思い、いつでもすぐに取り出して読める状態にしていたいという具体的なシーンが書かれています。話が具体的であればあるほど、人は想像しやすくなるため、同じ思いを持っている人が「うんうん、そういうことあるよね」と共感しやすくなります。

2　どういう人にお勧めしたいのかを伝える

たくさんの人のもとに届けたいというのはサービスを提供する人、作り手の思いかもしれませんが、具体的に「こういう人に」と伝えることで、本当に届いてほしい人に伝わりやすくなります。たとえば「ダイエットしたい人」よりも、「40代の女性で運動は苦手だけれど、ウエストをあと10㎝細くしたい人」と言ったほうが明確ですよね。こりすのほっぺさんの場合には「本が好きな人」であり、「本を大切に持ち歩き、いつでもすぐに読めるようになりたい人」ということが文面から伝わってきます。

3　期限を設ける

プレゼント企画の場合に大事なのは、期限を設けるということです。期限を設けることで「今」シェアしようという気持ちになります。必ず期限を設定して、忘れないように期日を記載しましょう。

お客様が思わず商品を購入したくなる「魔法のスイッチ」

テレビ番組の途中に短い通販番組のコーナーがあって、見ていたら思わず購入してしまった！　という経験はありませんか？

前から欲しいと思っていたわけでもなく、どうしても必要だったわけでもなく、偶然目にしただけなのに、なぜか買ってしまった！　ということ。

実は通販番組には、お客様の心の奥底で眠っている欲求のスイッチをポチッと押してしまう心理的なテクニックがあちこちに散りばめられています。

それが「心理トリガー」と呼ばれるものです。

心理トリガーについてはアメリカの経営コンサルタントのダン・ケネディ氏やトップマーケッターのジェフ・ウォーカー氏、ジョセフ・シュガーマン氏などが語っていることであり、関連著書が出版されています。いわば「人の心を動かす技術」と言えるもので、正しく使うことで、販売の場面で役に立ちます。

トリガーとは引き金のことですが、私はあえてこれを「お買い物の魔法のスイッチ」とお伝えしています。引き金よりも女性にはなじみがいいと思いませんか？　心理トリガーあらため魔法のスイッチは、言われてみたら、「あぁ〜、これが魔法のスイッチなのね！」と思うかもしれません。実は通販番組だけでなく、八百屋さんでもコンビニでも百貨店でも自然に使われています。

今回は私自身が特に意識して使う18個の魔法のスイッチをご紹介していきます。

顧客リストを集めたら、その後、あなたが売りたい商品・サービスをご案内していくことになります。基本的に、あなたの商品・サービスに興味を持っているお客様をリスト化しているわけですが、さらに「今すぐ欲しい！」に変えるために、商品や講座の説明だけでなく、あとひと押しするスイッチを案内文に組み込みましょう。これによって購入率が大幅にアップします。

■魔法のスイッチNO1
ストーリー

「ないものがない時代」と言われる今、欲しいものは近所のお店でもネットでも、なんでも購入できます。しかし「使えればなんでもいい」と思っている人だけではありません。「本当に気に入ったものにお金を払いたい」という人はたくさんいます。

ですから、比較されるのはスペックやデザイン、価格だけではありませんよね。どういう背景があって生産されたのか？　そのサービスが生まれたのか？　今まで見えていなかった、提供する側の「思い」や誕生のストーリーが、他のものと比べることができない価値になります。

目の前にいるお客様に商品の説明ばかりしてしまうと、「売りつけられるかも」というお客様の心のバリアが大きくなりますが、あなたが仕事をはじめたきっかけや、どうやって商品を開発したのか、その時の大変だったこと、乗り越えた時の話をすることで、興味を持ってもらいやすくなります。ストーリーで共感が生まれるので、お買い上げいただくハードルが低くなるのと同時に、人柄や魅力が伝わるので、あなたのブランドをいつまでも記憶してもらえることにつながります。

ストーリーの魔法のスイッチが効果的に使える場所

ＨＰやブログ、ＳＮＳのプロフィール欄や about us などのページ、リーフレットやカタログなどの紙媒体に掲載。

■魔法のスイッチＮＯ２

権威性《けんいせい》

最近のテレビ番組には本物のお医者さんが出演して、本当に体にいい食べ物、運動の仕方などをお話ししていますよね。視聴者は「医者が勧めている」のなら間違いないだろうと安心します。

つまり、権威のある人からの話やお勧めのほうが、聞いてもらいやすいということです。

となると「自分には権威がない」と思ってしまいがちですが、あなたの実績の中の権威でもいいのです。

たとえば、キャリア10年ということや、メールマガジンの読者が5000人いるとか、TOEICが900点以上あるという実績でもいいのです。それが仕事に関係するものであれば活用できます。また、新聞やテレビなどメディアに取り上げられたという情報も権威性になります。

大切なのは、あなたの専門分野の中にどのような権威性があるのかを理解して、その権威性を伝えること。お客様にとって、その分野の専門家から商品やサービスを提供されるということが大きな価値になります。

権威性の魔法のスイッチが効果的に使える場所

自己紹介、プロフィール欄など。

■魔法のスイッチNO3
社会的証明

話題のパンケーキ屋さんに長蛇の列ができているのを見たことがありませんか?

「長蛇の列ができるぐらいなのだから、今、人気のお店なんだ」ということが証明されていますよね。これが「社会的証明」のスイッチになります。「多くの人が支持している」＝「みんなが買っているものだから、きっと間違いない！」とお客様は思います。

そもそも、お客様は買って失敗する可能性に不安を感じています。「人気がある」「たくさんの人が購入している」とお伝えして、不安を解消してあげましょう。

そこまでの実績がない状態なら、「○○という嬉しいご感想をいただきました！」とお客様の声を添えるだけでもいいでしょう。お客様は評価の結果を信用します。

社会的証明のスイッチが効果的に使える場所

ネットショップの商品販売ページのキャッチコピーとして、また店頭やイベント出店時の商品ＰＯＰなど。

例

「クラウドファンディング成功率２００％」「○年連続売上ＮＯ１」「３秒に１本売れています」など。

■魔法のスイッチNO4
ニュース性

新しい！　話題になっている！　こういうことに心のお買い物スイッチが押されるお客様はたくさんいます。特にスマートフォン時代の今、ニュース性はすぐに反映され、拡散されていきます。「いつもと違う」ことや「新しい」こと、もしくは「新しい切り口」など、話題として取り上げられそうな要素が強いほど、効果が期待できます。「ここの部分が違う」とか「リニューアル」などでも活用できます。

ニュース性の魔法のスイッチを押すタイミング

新商品・新サービスの販売時やキャンペーンスタート時にブログやＳＮＳに掲載。

■魔法のスイッチNO5
お返し

もし誰かがあなたの投稿をリツイートしてくれたら、自分もリツイートしてあげたほうがいいよなと思いますよね。与えられたら与えられただけ、今度はお返しししなくちゃなと思う心理が働くものです。

61ページでご紹介している「無料講座」や、化粧品や健康食品のメーカーさんが配布している「無料サンプル」もお返しの魔法のスイッチになります。先に無料で提供して試していただくことで、価値を感じ、購入に至るという流れになります。

お返しのスイッチを押すタイミング

はじめてのお客様と接する機会や何かをお願いするタイミング。

例

「無料メール講座」「試供品の提供」「入会金無料」など。

■魔法のスイッチNO6
期待（ティザー）

映画館では必ず、映画がはじまる前に予告編がたくさん流れます。これが「ティザー」の一種です。「なんだろ？　なんだろ？　おもしろそうじゃない!?」と思わせるもの、ということです。
ありがちな失敗例が、いきなり作っていきなり販売するというもの。お客様は購入する心の準備ができていません。期待の魔法のスイッチは、単なる予告ではなく、お客様と一緒にワクワクしながらカウントダウンするためのしかけでもあります。何度もお伝えすることで、興味を持ってもらいやすくなる効果もあります。

期待のスイッチを押すタイミング

新商品、新サービス、キャンペーンなどの販売前にメールマガジン、ブログ、ＳＮＳなどを活用します。

例　新しい講座のための無料動画を配信する場合

２週間前「最近、～～に関するお問い合わせが増えています」（～～というテーマについて話題にしておく）

10日前「～～が必要とされる機会が今後増えていくことが想像できます。私も何か無料でお伝えできる動画を作りたいと考えています」
1週間前「たくさんのお問い合わせをいただいている〜〜の件ですが、ようやく動画を配信する日を決めました。○月○日お昼の12時から配信します」
5日前「私がこの動画を作った理由は……」（この動画を作った背景や自分のストーリー、思いなどを語る）
3日前　講座を利用してくださっているお客様の声などをご紹介。
2日前「いよいよあと2日で公開になります」（カウントダウン）
1日前「あと24時間で公開になります」

「12月上旬販売開始です」とお伝えするよりも、具体的に「12月1日朝8時から販売開始です」と伝えることによって、よりお客様の期待値は高まります。

■魔法のスイッチNO7

具体性

もしかしたら、お客様はあなたのブログやインスタグラムなどを見て、疑問に思っ

「具体的にどうするのか？」を伝える例

個別相談お申込みの流れ
お申込みボタンから
お申込みを完了します。
ご記入いただいたご連絡先に
面談詳細・お支払い方法についての
メールが届きます。
決済確認後、ご面談日程を調整し
メールにてご返信いたします。
調整し、決定した日時にて
マツドアケミとの面談スタート！

ているかもしれません。「で、どこで買えばいいの？」と。実は、購入に至るまでの動線が見つからなくてお買い物ができないというケースは、とてもよくあります。

具体性のスイッチとは、より具体的にお客様がわかるように伝えましょうということです。「オーダーはお問い合わせください」ではなく、「オーダー希望の方の手順はこちらから」とその流れを見せて、具体的なオーダーの仕方をお伝えしていきましょう。

最近のお客様はＬＩＮＥでのやり取りのように短文で問い合わせメッセージを送るケースが多いので、あらかじめ情報をしっかりと伝えておかないと、何度もやり取りをしなければならない状態になってしまいます。そうなると、お客様の「欲しい！」という感情のピークはどんどん下がります。つまり最初から「具体的にどうするのか？」を見せることで、お客様のトーンダウンも回避できるのです。

より、具体的に！　を意識していきましょう。

具体性のスイッチを押すタイミング

ご利用の流れ、お問い合わせやオーダーの流れをお伝えする際。

■魔法のスイッチNO8
共感（シンパシー）

ストーリーにも通じるところがありますが、お客様は自分と「同じ」部分に親近感や安心感を覚えます。私は自分のストーリーをイラストのムービーにしてユーチューブにあげていますが、動画をご覧になった方がセミナーに参加してくださると、「私も千葉出身です」とか「西城秀樹さんのファンでした」と言って握手を求められることがあります。また、私が起業して集客ができなかった頃の話をすると、「私にも同じ経験があります」と涙ながらにお話ししてくれる方もいらっしゃいます。

お客様との接点、そしてお客様の悩みや不安に寄り添うことで、あなたに共感し、受け入れてくれやすくなります。共感は相手が感じてくれることなので、相手の悩み、要望に寄り添っていくことが重要です。

共感のスイッチを押すタイミング

商品販売時、セールス時に自己紹介、プロフィール欄で。

■魔法のスイッチNO9
ベネフィット

お客様は商品のスペックが欲しいわけではなく、「買ったその先にあること」が欲しいのです。つまり、あなたの商品やサービスを買うことによってどんないいことがあるのか、を伝える必要があります。魔法のスイッチの中には「理由」や「具体的なイメージ」というのもあります。その理由やイメージにも含まれるのが「ベネフィット」です。「これを買うとこんないいことがある！」を伝えていきましょう。

ベネフィットのスイッチが効果的に使える場所

商品販売ページ、店頭、イベント販売。ＰＯＰ、セールストークに。

例

商品説明「動画をご視聴いただきながら自分のペースでお勉強できるオンライン講座です」

ベネフィット「子育て中のママが、お子さんのお昼寝中に自分の好きなことで起業の準備ができるオンライン講座です」

■魔法のスイッチNO10

パッション

パッションとは情熱のことです。お客様は中途半端なものではなく、情熱を持って作られた商品やサービスが好きなのです。自信なさげに「どうぞ」と言われるよりも、「自信作です」と提案されるほうが安心できますよね。

ガツガツしているみたいで積極的にお話できないという方もいらっしゃいますが、

お客様に「情熱」を持ってお伝えできず、売れなくて困るのはあなたです。ちょっと熱を込めることで、お客様に「必要」と思ってもらえるように伝えることができたら、結果、お客様にとってもいいことになります。

私の場合は「なぜ講座をはじめたのか」を、あえて一番最後にもう一度、情熱を込めて伝えるようにしています。

パッションのスイッチが効果的に使える場所

商品販売ページ、店頭、イベント販売。ＰＯＰ、セールストークに。

■魔法のスイッチNO11

わかりやすさ

これはどうやって使うのかな？　いつ使ったらいいのかな？　どんな時にどうやって使うのかな？　そうしたことがわからないと、お客様に必要性を感じてもらえないですよね。そのためにはわかりやすい言葉で伝える必要があります。

よりわかりやすくするために、写真や動画も有効に活用しましょう。

わかりやすさのスイッチが効果的に使える場所

商品販売ページ、店頭、イベント販売。ＰＯＰ、セールストークに。

■魔法のスイッチＮＯ12
理由

ＳＮＳにかわいい雑貨の写真が流れてきた時、「欲しい！」と思ってすぐに購入する人もいらっしゃいますが、多くの人は「高いのかな」「本当に使うかな」「お金の無駄にならないかな」などと「買わないための理由」を見つけようとします。ということは「買う理由」を明確にするための魔法のスイッチが必要になりますね。「なぜあなたに必要なのか？」「なぜ他ではなくこのお店で買うのか」、他の商品との差や特徴、お勧めポイントをお伝えしましょう。

また、お客様は「今でなくてもいいか」と後回しにしてしまうことがあるので、「今」買う理由も伝えてください。

理由のスイッチが効果的に使える場所

商品販売ページ、店頭、イベント販売。ＰＯＰ、セールストークに。

例

おまけ、特典、限定性なども「理由」のひとつ。

■魔法のスイッチＮＯ13
恐れ

お客様は「これを買って、失敗したらどうしよう……」と迷うことがよくあります。金額が高ければ高いほど、その思いは強くなります。

一方で「商品・サービスを購入しなかったらどうなるのか？」を想像してもらうことで、「自分には今、これが必要」と感じてもらうこともできます。

恐れのスイッチを使う場合には、その解決策もしっかりとお伝えしましょう。

悩みが深いほど、恐れのスイッチが効果を発揮します。集客、ダイエットなどの悩みをそのまま放置した場合の未来を想像すると、恐ろしいですよね。

恐れのスイッチが効果的に使える場所

商品販売ページ、店頭、イベント販売。ＰＯＰ、セールストークに。

■魔法のスイッチNO14
ザイオンス効果

ザイオンス効果とは、アメリカの心理学者ロバート・ザイオンス氏が広めた心理現象で、同じ人やモノと接触した回数が増えるほど、その人やモノに対して好印象を持つようになるという効果です。日本語では単純接触効果とも呼ばれます。

遠い親戚よりも毎日顔を合わせる犬トモさんのほうが、親近感がありますよね。何かを買うのなら、できれば知っている人から買ったほうが安心感があります。

私はブログを長年書いていますが、はじめてお会いしたブログの読者さんから、「なんだか初対面の気がしません」とよく言われます。私自身、ＳＮＳでつながっている人に対して同じように思うことがあります。

ザイオンス効果のスイッチが効果的に使える場所

ブログやSNSなどの日々の発信。メールマガジンやLINE@、ユーチューブなど。

■魔法のスイッチNO15
共通の敵

「本当に世の中の文字は小さすぎて読めな～い！　でしょ？　新聞も企画書も小さすぎて読めな～い！」

これ、なんだかわかりますか？　そうです。ハズキルーペのCMの渡辺謙さんのセリフです。

実は謙さんと同じような不満を持っている人がたくさんいるということ。このケースでは、「世の中の文字が小さい」ということが、見えない人にとって「共通の敵」という存在になります。

人は誰でも「私もそうなの！」と理解してもらいたいと思っています。なので、自分の立場、気持ちを理解してくれる人の話なら耳を傾けます。

「共通の敵」を持ち出すことで、あなたとお客様に一体感ができ、話を受け入れてくれやすい環境を作ります。

共通の敵のスイッチを押すタイミング

商品販売ページ、店頭、イベント販売。POP、セールストークに。

■魔法のスイッチNO16
つながり(コミュニティ)

一緒に作る、一緒に体験する。一緒に行動することでつながりの意識が高まります。楽しい！　ワクワクするよね！　を「体感」し、より身近に感じてもらうことができます。

つながりのスイッチが効果的に使える場所

オンラインサロン、メンバーサイト、ワークショップ。

■魔法のスイッチNO17

限定性

新しいもの好きの私は「地域限定」「期間限定」という言葉にとても弱く、よくこの「スイッチ」でお買い物をしてしまいます。「限定」にすることで特別感、機会を逃したくないという心理も働きます。

限定性のスイッチが効果的に使える場所

商品販売ページ、店頭、イベント販売。POP、セールストークに。

例

「○個限定」「○名様限定」「○日間限定」「○日まで」「あと○人」

■魔法のスイッチNO18

好奇心

何それ〜〜？

おもしろそう〜〜！

続きはどうなるの？

これが実は、お客様のスイッチになります。

好奇心をかきたてるのは「その先が知りたい！」という気持ち。〝チラ見せ〟がそれに当たるかもしれません。

特別な情報があると思うと、お客様は好奇心いっぱいになって、興味を引きつけることができます。

好奇心のスイッチが効果的に使える場所

ＳＮＳやブログ、動画など。

新しいドラマがはじまる数週間前から、出演する俳優陣が「番宣」としていろいろな番組にゲストとして登場するのを見たことがありませんか？　朝の情報番組や食べ歩きの番組、トーク番組など、いろいろな番組に出演し、ドラマの紹介をしています。

それによって、私たちは、ドラマの内容だけでなく、出演する俳優さんのトークや表情から、だんだんと興味を持ちはじめます。そしてドラマの放送前日には「いよいよ明日の夜9時から」という告知があり、当日には「今日の夜の9時から」という案内があります。そして思わずドラマを観てしまうわけですね。

ここにもたくさんの魔法のスイッチが使われています。

新しいドラマという点は「ニュース性」のスイッチで、いろんな番組に出演する俳優さんを観ている間に「ザイオンス効果」のスイッチが押され、ドラマの宣伝としてさまざまな番組で紹介していくのは「ティザー」のスイッチを押しているのです。

74ページでご紹介した、こりすのほっぺさんの「シェア」につながる文面には、「ストーリー」「パッション」のスイッチ、新しい企画であるという「ニュース性」、本が好きな人が抱えている共通の悩みという「共感」や、そのままにしていると本が汚れるという「恐れ」のスイッチがあり、ブックキャリーを使うとどのようないいことがあるのかという「ベネフィット」「わかりやすさ」「理由」のスイッチがありました。キャンペーンの方法をお伝えする部分には「具体性」、さらに一緒に盛り上げよという「コミュニティ」のスイッチ、そして期間を限定する「限定性」のスイッチなど、さまざまなスイッチが随所に盛り込まれているのがわかります。

私たちの日常には、あちこちにこのような「魔法のスイッチ」が存在しています。どういう時に何を使うのかを考えるというよりも、書いた文章、企画した内容にどれだけ「魔法のスイッチ」を散りばめることができるのかを、まず意識しましょう。

私も動画で講座を配信する際に、魔法のスイッチの表をチェックし、入れられるものはすべて入れるようにしています。

図 お客様が思わず購入したくなる18の魔法のスイッチ

1 ストーリー
2 権威性
3 社会的証明
4 ニュース性
5 お返し
6 期待(ティザー)
7 具体性
8 共感(シンパシー)
9 ベネフィット
10 パッション
11 わかりやすさ
12 理由
13 恐れ
14 ザイオンス効果
15 共通の敵
16 つながり(コミュニティ)
17 限定性
18 好奇心

3章

仕事の
安定継続のために
お客様を増やし、
リピート率を上げる

雑貨の仕事塾®をはじめた時の最初の目標は、月商100万円という数字でした。その目標は、講座の数を増やすという方法で達成することができました。ところがこの方法だと、常に新しい講座を作り続けないと多くのお客様にご利用いただけません。そして、中にはファンになって毎回参加してくれる人もいらっしゃいますが、たま〜に参加するだけの人もいます。

となると、毎回、講座を満席にするのは、「講座内容」と「運」次第。アイデアが枯れるまで新しい講座を作って、新規のお客様を集め続けなければなりません。

1ヶ月に5〜6の講座を作り、それぞれ2日間開催し、100万円の売上を達成したものの、翌月はヘトヘトに疲れて何もできず、売上がゼロになったこともありました。このままでは安定どころか、廃業もありえる状況です。

私以外にお仕事をして食べさせてくれる人もおらず、いるのは2匹のかわいいワンちゃんと80代のおじいちゃん、おばあちゃんの両親だけ。私が働いて毎月お金を作らないと、生活できなくなってしまいます。

講師の仕事は、その時の私が唯一、お金にできることで、なおかつ、喜んでいただけるものでもありました。これを続けるには「『やり方』を変えないといけない!」。そう強く思ったのです。

そこでまず、うまくいっている人たちがどのように講座を運営しているのかをリサーチしました。その頃は私自身がアメブロを運営し、集客に活用していたこともあり、同じアメーバブログ内でターゲットの違う人たちをリサーチしていきました。

どんな人たちに何を販売しているのか? 何を解決する講座なのか? それを受講したらどうなるのか? 価格はいくらなのか? どのようなサービス内容か? 期間はどれくらいか?

当時、毎日読んでいたブログがありました。それはブログ集客のためのブログです。運営しているのは男性。定期的に「ブログの集客講座」を販売し、200万～300万円の売上を作っていたので、この人をモデルケースに雑貨の仕事塾®でもやってみようと思いました。

その方がやっていたのは、ブログで集客できるようになる通信講座でした。購入するとCDと冊子が届き、それを見て自主学習するというものです。また、通信講座の購入特典として、専用のサポートページで講師と質疑応答ができるサービスがついていました。サービスを利用するには毎月1万5000円ほどかかりましたが、わからないことがあった際に継続してアドバイスがもらえるのは魅力に映りました。

勉強のため、その講座を購入してみることにしました。

すると、講座内容は非常に充実していた反面、冊子にはさほどお金がかかっていないように見受けられました。

また、サポート専用ページはたくさんの受講生が利用しているのがわかりました。質問を投げかけると3~5日以内に講師の方が返事をくれるというものです。

私も何度か質問を投げかけてみましたが、返事が来るまで作業が進められない上に、返事の内容は「いいですね^^」といった簡単なもので、さらに質問をする必要がありました。

これでは成果が出るまでに時間がかかりすぎる！　そう思い、1ヶ月だけ利用して退会するに至りました。

この経験から、どんなサービスなら受講者の満足度が上がるのかを考え、月額課金型講座の構想を練っていきました。

そして売上ゼロを経験した翌月には、すでにある私の講座の中から、雑貨販売の基礎となる講座といくつかのマーケティング講座を読むことができるページを自分のHP内に作り、申し込んでくれた人たちにはそのページの視聴権限とフェイスブックでの質疑応答ができるというサービスを作りました。


集客はできるようになっていたので、「あとは販売するだけ！」と意気込んでいましたが、提供できる講座がまだ少なかったこともあり、初月のご利用料は7980円、その翌月からのサポート料も7980円に設定し、試験的にサービスを開始しました。

自分のメールマガジンとアメブロで告知したところ、入会してくださったのは12名。売上にすると9万5760円でした。

翌月も前月と同じ、9万5760円が振り込まれました。

それまでのように「次は何を提供しよう」と悩みながら新しい講座を作らなくても、講座の募集をかけなくても、同じ金額が入ってきたのです。

この時、「この方法なら続けていける！」と強い自信につながりました。

その後、提供する講座の数を増やし、サポート内容を充実させることで徐々に値上げし、最終的な価格を初月5万9800円、月額サポート料1万800円にまでもっていきました。そうして、多い時で120名くらいの方が参加してくださるサービスに育てることができました。

私はこの月額課金型のサービスを作ることで、1年間かけて安定して月商100万円を達成できるようになったのです。

小さな起業で長期的・安定的に売上を作るには

ひとりでビジネスをする場合、単発の商品、サービスをいくつも作ったり、新規のお客様を常に集め続けなければならない状態はお勧めできません。商品やサービスを作るのも、新規のお客様を集めるのも、時間と労力がかかるため、継続できなくなる可能性が高いのです。

売上は3つの要素で構成されます。「客数」と「客単価」と「リピーター」、この3つを高める施策があって、はじめてビジネスは安定します。

一度商品を購入したり、サービスをご利用くださったお客様に対して再度、お買い上げいただくことを考えましょう。

実際には、一度ご利用くださったお客様、商品をお買い求めくださったお客様が必ずリピーターさんになってくれるというわけではありません。

私も月額サービスをはじめる前は毎月内容の異なる講座を作り、ご提供していました。一度講座に参加してくださった方は帰り間際、みなさん笑顔でこう言ってくれました。

「先生、とっても楽しく学べました！　また必ず来ます！」

その言葉に満足し、「うんうん、待ってるね～」と言って送り出したものの、次の講座の募集をはじめると、「また来るね」と言ってくださった受講生さんのお名前がなかったという残念な結果を何度も経験しています。

そうした時期を経て、仕事のやり方を大きく変えました。

ひとつ目が通学講座だけでなく、オンライン講座を作るということ。

2つ目が毎月ご利用いただける受講生さんを増やすために、月額課金型のビジネスモデルを作るということです。

対面型をオンライン型にする

お客様に「足を運んでもらう」ビジネス、つまりその場所に行かないとサービスを受けることができないと、通える地域のお客様に限定されてしまいます。

私も当初は通学講座のみを運営していました。北海道や沖縄から受講に来てくださる方もいらっしゃいましたが、どんなに内容に満足いただいても、交通費や宿泊費までかかるとなると、どうしても二度目の受講のハードルは高くなってしまいます。

物販ビジネスでは、商品をインターネットで販売することが一般的になりました。ノウハウや技術を学ぶための講座に関しても、近年はオンラインで授業、サービスを提供することがとても簡単になっているので、自分の商品・サービスをオンラインで提供することを考えてみましょう。

■オンライン講座の作り方

オンライン講座にはいくつかの配信の種類があります。

1　講座をリアルタイムで配信する
2　講座を動画にして配信する
3　オンライン講座の配信サイトを活用する

1の場合、講座の受講者だけが視聴ができる「場所」を確保する必要があります。その場所となるのが「フェイスブックグループ」や、「ZOOM」というオンライン会議室です。

フェイスブックのライブ機能を使うと、グループに参加している人だけがライブで動画（講座）を視聴できます。もちろん、受講者はフェイスブックのアカウントを取得する必要があります。

ZOOMのオンライン会議室を使うには、アカウントを取得する必要がありますが、取得後はホストとなる講座開催者が視聴用のURLを発行するだけで、簡単に参加してもらうことができます。録画も可能なので、当日参加できなかった人には録画した動画を視聴してもらうこともできます（一部有料の機能）。

2の場合、事前に講座を動画にしておく必要があります。

まずYouTubeやVimeoといった動画配信サービスに講座の動画を投稿します。YouTubeでは限定公開に設定、Vimeoではパスワードをかけたり、プライベートリンクを発行すれば、動画のURLを知っている人だけが視聴できるようになります。

私もZOOMを活用したセミナーを頻繁に開催しています。オンラインにすることで、自分も受講生も場所を限定せずに講座を開講・受講することができます。

1と2は自分で集客して、自分で集金して、自分で配信する必要があります。これをカバーしてくれるサービスがUdemy（ユーデミー）などのオンライン学習のプラットフォームです。利用に際しては条件がありますが、このサービスで集客し、自分で配信する講座に誘導することも可能です。

図 オンライン講座の配信に活用できるWebツール

		特徴
動画投稿・共有サイト	YouTube（ユーチューブ） https://www.youtube.com	ユーザーが圧倒的に多くSEOに強い。
動画投稿・共有サイト	Vimeo（ヴィメオ） https://vimeo.com	アート、芸術家の投稿が多いのが特徴。動画の公開範囲のオプションが多い。「関連する動画」に他人の動画が表示されないので集中して見てもらいやすい。
オンライン会議室	ZOOM（ズーム） https://zoom.us	遠隔地の相手とビデオで通話できるという点はSkypeと同様の仕組み。「会議室」がコンセプトのZOOMにはパソコン、スマホ、タブレットなどの画面を共有することができたり、録画機能、ブレークアウトルームと呼ばれるグループ分けができる機能も。Skype同様にソフトのインストールは必要だが、参加者がアカウントを作成する必要がなく、クリックするだけで参加できるという手軽さが最大のメリット。
学習プラットフォーム	Udemy（ユーデミー） https://www.udemy.com	世界最大級のオンライン学習プラットフォーム。学びたい人と教えたい人をつなぐ学習マーケット。自分の講座を動画にし、投稿することで、Udemy上の学びたい人が参加できる。

さまざまな配信方法、決済方法があるので、
あなたの講座も今すぐオンライン化することができます。

■ネット販売・オンライン講座のメリット・デメリット

メリット

・低予算で開業ができる
・いつでも、どこからでも、お客様にご利用いただける
・開店時間、閉店時間がないため、時間の制約がない
・自分のペースで仕事ができる（子育て中であっても、ひとりでもできる）
講座であれば、一度撮影してしまえば、その都度場所を借りなくても、移動しなくても、たとえ参加者が1名でも開催できるのが最大のメリットです。

デメリット

・簡単にはじめられるため、同じジャンルの競合が多い
・ネットでの集客スキルが必須
物販の場合には梱包用の資材、発送のための送料など経費がかかり、またお客様との通常のやり取りだけでなく、メールマガジンや企画作りも必要です。

パッケージ化・カリキュラム化する

お客様に喜んでもらいたい！　お客様の声に応えたい！　だから一人ひとりに合わせた商品やメニューを作り、その人に必要なものを提供していく。何度も利用していただくために、限界まで値段を安くする。そうしないとお客様がいなくなってしまうから……。このように考えている方は少なくないはずです。

1章でお話ししたように、起業直後から1年ぐらいは質よりも量をこなす、いわば起業の練習期間でもあります。その期間は「なんでもやってみよう！」と前向きに量をこなして、自分の方向性を決め、質を高めていく期間でもあります。

しかし、それをひとりで永遠にこなすとなると、いつしか手いっぱいに。少しの余裕もないので、チームを作ることもできず、労力だけ増え、自分の時間がなくなり、モチベーションを維持できなくなってしまう。そんなケースをたくさん見てきました。

大人気の刺繍教室アトリエクレアを運営する井上ちぐささんもそのひとりでした。

ママ友に「教えてほしい！」と言われたことをきっかけに、自宅で開催するお教室をスタート。お友達だからということで材料費にちょっと上乗せした価格で提供しているうちに、口コミで広がり、どんどん受講生さんが増えていきました。

ちぐささんには「お客様が作りたいものを作らせてあげたい」という思いがあったので、一人ひとりの生徒さんの作りたいものを確認し、事前の準備に時間をかけていました。清楚な雰囲気で明るくかわいらしいちぐささんは、たしかに講師としても魅力的。一度習った受講生さんがずっと継続してくださるというのも理解できました。

そしてお教室への入会は、常にキャンセル待ち状態。

でも、これ以上人数を増やすと自分が倒れてしまう……もうお教室はやめたほうがいいのかな……？　と思いはじめたタイミングでご相談にいらしてくださいました。

私が最初にアドバイスしたのが、「カリキュラム化」するということでした。一人ひとりの作りたいものをヒアリングして作るのではなく、カリキュラムを作り、参加する全員が同じものを作るということです。

これに対し、ちぐささんは、「お教室の皆さんは自分が作りたいものが作れるから来ているのに、みんなと同じものを作るようになったらやめてしまうかも……」と不安を覚えていました。

でも、このまま続けていくには体力と気力の限界。ちぐささんは決意を固め、生徒さんに講座の内容、お教室の運営の仕方を変えるというアナウンスをし、準備期間を経て、カリキュラム制の講座をスタートさせることができました。

その結果、退会者が出ることなく、皆さん楽しく通って来てくれています。

他にも、上級者向けの講座や技術に特化したクラスを作りました。今までになかった新しいサービスがスタートしたことで、受講生の満足度はさらに増し、雰囲気のいいお教室が継続されています。

「お客様に喜んでもらいたい」「お客様の声に応えたい」という気持ちはとてもとても大事です。でも、必ずしも自分を犠牲にするやり方でなくても、お客様の声に応えて、お客様に喜んでもらうことは可能です。

つまり「やり方」を変え、高い質を提供し、お客様に喜んでもらうということです。

アトリエクレア　http://atelierclaire.com

月額課金・定額課金（サブスクリプション）化

この章の冒頭でご紹介している通り、私は月額課金型のコンサルティングサービスを構築することで、ビジネスを安定化させることができました（私は「月額課金」という言葉を使っていますが、「継続課金」「定額課金」「サブスクリプション」、どれも継続してお客様から一定の料金をいただくビジネスモデルを指す言葉です）。

月額課金や定額課金といえば、ピアノやお習字などの習い事の月謝も、スポーツクラブや英会話スクールの利用料もそれにあたります。昔からある仕組みですが、最近では、ネットの音楽配信サービスや動画の見放題サービスで利用している人が多いかと思います。

定期的に商品を購入できる例としては、サプリメント、化粧品、健康食品などが有名で、最近ではカフェ、ネイル、トリミングサロン、ラーメン店などの実店舗でも定額課金のサービスが導入されはじめています。さらには洋服、バッグ、時計のレンタルサービスなどにも広がりを見せています。

■物販でも定額課金化はできる

以前、私が取材させていただいたベーグル屋さんは、旬の野菜、果物をたくさん練り込んだベーグルを毎月会員さん限定で定額販売していました。このお店はご主人と、ベーグルが大好きというアルバイトの2人だけで運営していました。その当時は会員向けにしか販売していなかったので、取材に行った私が購入できるベーグルはありませんでしたが、購入されるお客様の数があらかじめわかっていると、材料を準備しやすく廃棄ロスも減るのでいいサービスだと感心したのを覚えています。

現在は定期購入の決済機能がついたネットショップ作成サービスがあり、定額課金サービスを作るハードルはかなり下がっていると思います。

私自身はコンサルティングサービスを月額化しましたが、講師やコンサルタントの方には「オンラインサロン」も人気です。どんな業態でも、月額課金型のビジネスモ

図 サブスクリプション（月額課金）の例

動画配信

例：月額800円で映画やドラマが見放題（Netflix）

化粧品

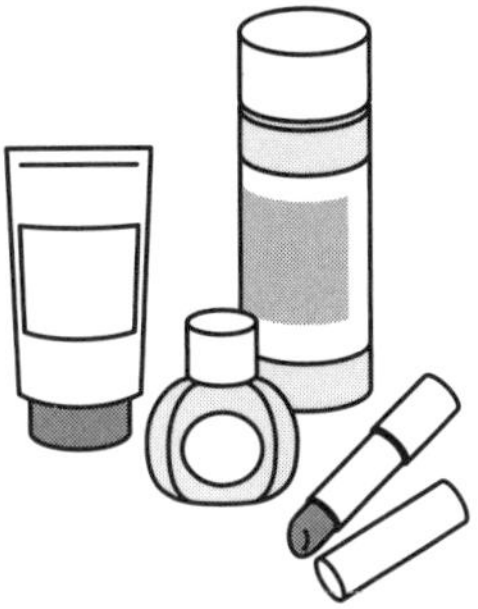

例：月額1,620円で化粧品サンプルのセットが届く（ブルームボックス）

洋服

例：月額9,800円で洋服を借り放題（エアークローゼット）

野菜

例：「旬のお野菜セット」Sサイズは2,250円。頻度は毎週・隔週を選べる（坂ノ途中）

デルを作ることで、一度ご購入いただいたお客様と長いおつき合いができるようになりますし、コミュニティ化することで、別のサービスのご案内もしやすくなります。

月額課金型ビジネスコミュニティの作り方

そもそもビジネスコミュニティとは、同じテーマ、目的、目標を持つ人たちが集まり、その人たちが抱えるビジネスの課題、問題を一緒に解決するために情報を共有するハブのような存在です。

私が主宰する雑貨の仕事塾®には、雑貨やハンドメイド品を販売している人たち、作り方を教える講師業をしている人たち、自分の夢を実現したい女性起業家のためのビジネスコミュニティがあります。

毎月定額の料金をいただき、サービスを提供するのが月額課金型の有料ビジネスコミュニティになります。

現在、雑貨の仕事塾Ⓡでは、3章の冒頭でご紹介したサービスは終了していますが、6ヶ月間のブランディング講座を受講いただいた方で、継続を希望する方を対象に、ビジネスコミュニティをご案内しています。

ブランディングの基礎を学び、実践した上で参加していただけるコミュニティということもあり、前向きでマインドの高い人たちが集まっています。

このコミュニティでは、

・メールと音声講座の配信（月に1回・5日間）
・リアル、もしくはZOOMでのグループコンサルティング（無制限）
・フェイスブックの秘密のグループでの個別相談（週に1回）

を提供しています。

私の講座をご利用くださっている人たちの集まりですが、講座で一緒に学ぶだけでなく、同じ沿線に住む元受講生さんたちが集まってランチを楽しんだり、海外の展示会に一緒に参加したりと、別のコミュニティも立ち上がっていて、たまに声をかけていただくことがあります。

女性は特に「つながり」を大切にする人たちが多いので、一度つながったご縁がそのまま続いて新しい形になることもあり、とても嬉しく思っています。

■月額課金型ビジネスに必要なもの

月額課金型ビジネスを作る際に必要なのは、

・企画（誰に、何を、どのような形で提供するか）
・代金の決済システム
・会員さんの管理システム

になります。

代金の決済と顧客管理については、会員数が増えるほど、入金、退会のチェックも増え、ひとりで対応するのはとても大変な作業となります。

弊社では会員さんだけが視聴できるサイトを持っていました。インフォカートという決済代行サービスを利用しており、課金されている間は会員サイトの視聴ができ、

図 継続課金決裁が可能なオンラインサロンのプラットフォーム

	特徴
DMM オンラインサロン	・運営方針に応じてDMM オンラインサロン専用コミュニティかFacebookグループから選択できる ・動画やコラムなどを会員向け、フォロワー向けに販売できる
CAMPFIRE ファンクラブ	クラウドファンディングのプラットフォームCAMPFIREには、活動の継続的な支援を募る「ファンクラブ」機能があり、これを使ってオンラインサロンを開設することも可能

課金がストップすると会員サイトへは入れなくなるようになっていました。

現在はメールで動画のURLを送ってご視聴いただき、フェイスブックの秘密のグループで質疑応答を行なっています。

毎月の課金はPaypalの「定期購入」を利用しています。会員さんごとの課金状況はスタッフがチェックをし、課金がストップした会員さんにはフェイスブックのグループから退出してもらう流れになっています。

稀に銀行振り込みを希望される方もいらっしゃるので、その場合には3ヶ月分、半年分という形でまとめてお支払いいただいています。

月額課金型サービスを作る際の注意点

私の場合は最初の段階で月額課金型の有料ビジネスコミュニティを作ることをスタートさせましたが、このサービスをより早く安定させるには、いくつかの条件があります。

それは、ご自宅サロンやお教室をすでに運営されている方でリピーターさんがいる方、ブログ、SNSが育っていて常にある程度の集客ができる方です。まだブログやSNSでの認知も広がっておらず、1回の集客にも苦労しているという方には、私のように最初からこのサービスをスタートさせることはあまりお勧めできません。

私の場合、スタート時は7980円（現状は1万800円）でしたが、最近のオンラインサロンでは3000〜5000円の価格帯を多く見かけます。

お客様にとっては利用しやすい価格帯ですが、仮に３０００円のサロンに10人の方を集めても、３万円にしかなりません。

もしも月額課金サービスだけで月商30万円をめざすのであれば、１００人集めなくてはなりません。１００万円をめざすのなら、その３倍以上の人を集める必要があります。

実際のところ、私も２９８０円の月額課金型サービスを立ち上げ、４年間運営した経験がありますが、３００人以上のお客様の維持、管理、運営には専任スタッフが１～２名いないと継続するのはむずかしいと思います。

たとえば、「動画を観ることができない」「退会方法を教えてほしい」といったお問い合わせもあり、その都度、環境確認、課金のタイミングなどを調べてお伝えする必要があります。会員さんに楽しんでもらうためのネットを使った企画を考えたり、それを実行するのにも人手が要ります。人数が増えれば増えるほど、手放しで継続していただくことはむずかしいため、その分のサポートが必要になります。

■月額会員型ビジネスのメリット・デメリット

メリット

・毎月、毎回の集客から解放される
・売上が安定しやすい
・一度ご縁のあったお客様と長いおつき合いができる

デメリット

・毎月必ずサービス、商品を提供しなければならない
・少ない人数、安価なサービスでもかかる手間は一緒
・売上を維持するためには新規のご利用客を増やしていく必要がある

会員に何を提供すればいいのか？

月額課金型ビジネスに関してよく聞かれるのが、「毎月提供できるサービスがない」「提供し続ける自信がない」という声です。

月額課金型のサービスを作る上で一番重要なこと、それは必ず毎月何かを提供するということです。商品にしろ、サービスにしろ、休むことなく提供できなければ、月額課金型のサービスとして成立しません。

「体調が悪かった」「どうしても時間がとれずに作れなかった」という言い訳は通用しません。

また、ご利用くださる会員がたとえ1名様だけであったとしても、はじめたからには継続しなければなりません。

では、会員にどんなものを提供すればいいのでしょうか？

雑貨の仕事塾Ⓡの場合、グループコンサルティングという形式で、その時の悩みや今後の展開へのアドバイスをしています。さらに、月に一度、5日間で学べる音声&メール講座をメンバー限定で配信しています。

毎月新しい講座を作るというよりは、その時々に必要な情報を提供しているという感じです。

はじめた当初は、あれもこれも！　と講座や情報を増やしていましたが、「追いつかない」「結局、勉強できない」という声が少なくありませんでした。

会員にはそれぞれ、個々の活動・仕事があります。そこへ講師がよかれと思ってたくさん情報を出したところで、「学ぶ時間を作らなくちゃ」とプレッシャーを与えるだけなのだと気づきました。

大切なのは、**そこに集う会員の困りごとを解消してあげること**だと思います。

コミュニティの主宰者は、会員にとってメンターのような役割を果たしています。いつでも相談できるメンターがいることで不安から解放されるので、いかに安心させてあげられるかがコミュニティにおける自分の仕事であると、今は捉えています。

また、「応援し合える仲間がいる場所作り」ということも重視しています。

同じ志、目標を持った人たちが集まり、単に勉強するだけでなく、バスツアーをしてみたり、ワードプレスや写真撮影などの専門技術・スキルを学ぶ勉強会をメンバー内で開催したり、ギャラリーを借りて合同展示会を開催したり、オンライン上での「学び」の要素よりも、オフラインで「一緒に体験する」ことでつながりが深まっていきました。「学ぶ」だけでなく「応援し合える」仲間がいることに利用価値があり、長く続くコミュニティへと育ちました。

継続してご利用いただくためには、コミュニティの利用価値が日々問われると思います。

もちろん、どんなに良質なコミュニティであっても、お客様は永遠にい続けてくれるわけではありません。

雑貨の仕事塾®の場合、3年以上在籍してくださっている方も複数いますが、当然ながら途中で退会する方もいらっしゃいます。

そのため、最低維持したい人数を決めておいて、その数が減った場合には募集をしていきましょう。つまりは放っておくことはできないので、定期的に集客も必要です。毎日ブログやSNSで発信している人であれば、それらを使って定期的に集客できるかと思います。

■月額課金サービスが生む付加価値

韓国旅行に行った際に見つけた天然石の「ドゥルージー」にひと目惚れし、ドゥルージーと原石を加工したパーツの専門店を立ち上げて起業した橋口和佳子さん。

インスタグラムで商品を紹介し、LINE@でお問い合わせを受けて販売するところからのスタートでしたが、2016年6月にネットショップ作成サービス「BASE」でネットショップをオープン。集客のためにと活用していたインスタグラムのライブ配信機能を使って、アクセサリーを作っている様子を公開すると、フォロワーさんが増えていきました。それと同時に都内でワークショップもスタートさせると、地方からワークショップ開催のリクエストの声も多数寄せられました。

そこでオンラインでのワークショップを開催したいと、2017年12月に「BASE」の「定期便」の機能を使ってオンラインサロンを立ち上げました。月額300

かわいい天然石パーツ専門店　inOrganic bijoux　（インオーガニックビジュー）
https://www.inorganic.jp

０円プラス送料を課金し、フェイスブックの非公開グループ内でアクセサリー作りの講座をライブ配信。また、会員さんにはお店で使える５％オフのクーポンやアクセサリーを販売する際に役に立つノウハウなども提供しています。

　毎月ワークショップのメニューを考えたり、会員さんがオーダーしたパーツを揃えて発送する作業は大変ですが、オンラインサロンがご縁でつながった会員同士で忘年会を開催したり、パーツの仕入れツアーを開催するなど、共通の趣味を持つ人同士がいい関係を築いています。また、お店とお客様としての関係だけでなく、お店とオンラインサロンを通じたアクセサリー・パーツ好きのコミュニティとして成長しています。

現在のオンラインメンバー数は40名ほどですが、和佳子さんはこのオンラインサロンはあくまでもお店の付加価値だと思っているそうです。直接的な定額課金だけでなく、定期的に購入していただけるコアなリピーターさんがショップの商品を購入してくれたり、ＳＮＳを通じたＰＲや展示会のスタッフとして、マンパワーとしてもサポートをしてくださるなど、さまざまな面で会員さんに助けてもらっているそうです。

今後は会員さんと一緒にイベントを開催するなど、オンラインだけでなくオフラインのつながりもより強めていきたいそうです。

4章

チームを作って仕事の質をワンランク上げる

目標とする売上をもうすぐ達成できる！　自分があとちょっとがんばりさえすれば……。でも、すでに心も体もいっぱいいっぱい。これ以上、仕事をしたら自分が倒れるだけでなく、お客様にも迷惑がかかってしまう……そんな不安でいっぱいだけど、他にやりたいことがたくさんある！

こんな悩みを抱えている方もいらっしゃると思います。

自分ひとりでできる限界を感じている時に、思いがちなのが「もうひと踏ん張りして、売上目標が達成できたら手伝ってくれる人を雇おう」ということです。

私自身も、提供する講座の数が増え、受講生さんが増えている時でも、「自分ひとりでがんばりきるのが当たり前」ということしか頭にありませんでした。

そんな時に、友人がこんな話をしてくれました。

「あとちょっとでコップのお水はいっぱいになるでしょ？　だからアケミさんはコップのお水をいっぱいにするまでがんばろうって思っているかもしれない。でもね、コップのお水がいっぱいになったら溢れちゃうの。だから、コップのお水がいっぱいになる前に、違うコップを用意するの」

コップは人、お水は仕事です。つまりお水がコップから溢れ出るということは、仕事が収まりきらなくなって不具合が生じてしまうということです。

友人の中谷綾乃さんは行政書士としておひとり様起業をし、フル回転で働くうちに、とうとう倒れてしまいました。救急車で病院に担ぎ込まれ、点滴を打っている時に、心配したお客様が駆けつけてくれたそうです。

そこで、「このままでは続けていけなくなる」と痛感した彼女は、チーム作りに着手しました。自分は得意な営業をし、実務はチームメンバーにお願いする。社員として採用していったことで業績はどんどん向上し、今では千葉県でナンバーワンの行政書士法人となりました。

私の場合、フリーランスからスタートし、必要な時にアシスタントとしてお仕事を手伝ってもらう人たちはいましたが、スタッフを増やして会社を拡大しようとは考えていませんでした。誰かを雇うということは、そこに人件費がかかり、何よりも教える時間が取られることを意味します。

当時の私は「忙しいことは忙しいけれど……でもその仕事は私でもできるから」「自分でやったほうが早いし」と考えていたので、友人からのアドバイス通りにすぐ行動することはできませんでした。

それだけ「今」にしか目が向いていなかったということかもしれません。

今やらないことで、教える時間とお金は確保できますが、3ヶ月後、半年後、1年後、3年後……苦手なことをいつまでも自分でやり続けるしかなくなります。

当時、売上目標はありましたが、達成するための私のロードマップには、「がんばれ！」という文字しかなかったような気がします。

その後、いよいよチームを作るタイミングがやってきます。私にとっての大きなチャレンジ、「講師業で1ヶ月の売上100万円」を達成すべく動いた時です。

それまで講座を月に1〜2回開催し、30万〜50万円ほど売り上げていたので、目標を達成するために、講座の数を増やそうと考えていました。

しかし、講座を1回開催するにも、SNSやブログでの集客、申し込みのメールに対する講座代金のご案内、入金確認、会場へのご案内メールの送信など、やるべき作業はたくさんあります。

これをひとりでやることには、不安しかありませんでした。

なぜなら、私は「管理」がとても苦手で、それを私にやらせたら時間がかかるだけでなく、抜け・漏れが発生してしまうことが容易に想像できたからです。

そうなってしまったら、受講生さんに迷惑がかかり、私の信用はガタ落ち。

かといって、人を雇うことには抵抗がありました。そこで、いきなりスタッフを雇うのではなく、事務業務を代行してくれる会社で「チーム・マツドアケミ」の練習をすることにしました。

依頼したのは、1時間ごとのツイッターへの投稿とセミナー受講生の管理業務です。ツイッターに投稿する文章は事前に私が全部用意しましたが、管理用の表などは事務代行会社の女性スタッフさんが全部作ってくれました。

お申し込みがあった人たちの入金状況などのレポートを毎日送ってもらっていたので、人が集まっていない講座が一目瞭然。その講座の募集記事をブログにアップするなど、自分の得意な業務に集中することができました。

もしも私がひとりでやっていたら、もっと時間がかかり、苦手な管理業務をやることで気持ちもイライラしていたはずです。

それが得意な営業、講座作りに集中できたことで、結果として集客はうまくいき、講座は見事に完売。はじめて月商100万円を達成することができました。事務代行の会社へのお支払いは、5万円程度だったと思います。


苦手なことを手放したおかげで、受講生さんには安心してご参加いただくことができ、自分で立てた売上目標を達成できたことは、本当に嬉しかったです。

まだ私のビジネスは安定しているとは言い難い状態でしたが、この経験から「人に何かをお願いし、同じチームで仕事をすることで、こんなに気持ちに余裕ができるんだ」と実感することができました。そして、私のコップのお水が溢れる前に、スタッフを雇おうと決めました。

さらなる売上が安定的に作れるようになるための準備です。

コップのお水がいっぱいになるまでがんばろうとすると、結局のところ「コップのお水がいっぱい」という状態が売上目標の上限になってしまい、それ以上になることはありません。でも苦手なことを手放し、得意で難なくできることだけに集中できると、その後、売上はどんどん伸びていくはずです。

女性なら早めにチーム作りの準備をしておいたほうがいい理由

以前からおつき合いのある雑貨屋のオーナーは、お店を立ち上げたばかりで売上がほとんど立っていない頃から、アルバイトスタッフを雇っていました。売上が立っていないので、オーナーは前職の塾の講師のアルバイトを続けながら、スタッフとお店を運営していたのです。

他の仕事をしながらお店をやるの？　と思う人もいるかもしれませんが、当時の彼女は結婚の予定があり、赤ちゃんを産むことも彼女の夢のひとつでした。つまり、出産前後にお店を休業しなくてもいいように、早い段階からスタッフを育てていたのです。

私はこれまで多くの雑貨屋さんを取材してきました。長く続いている雑貨屋の女性オーナーで、売上が少ない時からスタッフを雇って、チームでお仕事をしている方と何人もお会いしました。結婚、出産、そしてお子さんの受験、介護など、自分ではどうすることもできない大切なライフイベントで、自分がお店の業務から少し距離を取らなければならないことがあったとしても、お店を閉めなくてもいいように、早めに準備をしているのです。

結果としてお店が長続きし、お客様にずっと愛されるお店作り、お仕事の信頼を保っています。

■身の丈に合ったチームの作り方

「コップのお水がいっぱいになる前に」ということは、売上目標を達成する前にチームを作るということです。「チーム」と言っても、いきなり社員さんを雇うとか、フルタイムのパートさんを雇うということではありません。あなたの現状に合った「チーム」を作ることができるのです。

自分の収入の一部を人件費にあてることから、一時的に収入が減ってしまう。だからなかなか思い切れないという声も多く聞きますが、最初からガッチリフルタイムでやってもらわなくてもいいのです。

あなたが支払える金額分であなたの苦手な仕事をしていただくことで、ストレスが減り、時間の余裕も生まれます。

これは**売上目標を達成するためだけでなく、自分の理想の働き方を手に入れるための方法**でもあります。

1ヶ月のあなたの収入から毎月3万円分、5万円分だったら支払えるということであれば、その金額分を最低賃金で割ると、1週間にどれくらいの時間なのかを出すことができます。その時間の分でできるお仕事の内容から手放していくことが可能です。

ハンドメイドなど、もの作りの仕事の場合には、人によって完成品ができ上がる時間が違うことが考えられます。その場合には成功報酬として、1個できたらいくらという金額を設定します。全部を作ってもらうのではなく、この部分だけお願いするということも可能だと思います。

「そういう人がいるかな?」と疑問に思うかもしれませんが、実は「同じ作業を繰り返すのが大好きで得意!」という人がいます。

「自分でできるから」ということで、いつまでも自分でやってしまう人もいるかもしれません。たしかに、あなたにもできるとは思いますが、あなたが本当にやるべきことはそれでしょうか？　一部の仕事を手放すことで、あなたがやるべきこと、得意なことに集中できるようになります。「いつかは」と考えているとしたら、そのタイミングが「いつ」なのかをもう一度考えてみましょう。「コップの水は今どれくらいですか？」。

こうして自分が苦手なところ、自分がやると時間がかかることをあなたの代わりにやってくれる人たちと一緒にチームを組むことで、あなたは新しいビジネスの構想を考えたり、売上アップのための学びの時間を作ることができ、将来的に収入が上がることが想像できるのです。

次に、チーム作りの具体的な方法をお伝えしましょう。

スタッフを見つける3つの方法

■1　事務代行の会社を活用する

私の場合、最初は事務作業を代行してくれる会社に試験的に依頼してみました。おひとり様ビジネスのために秘書代行、事務代行をしてくれる会社が今はたくさんあります。ネットで調べてみるか、まわりのお友達にそのような会社を利用したことがないか聞いてみましょう。スタッフを直接雇用するより割高になると思いますが、試験的に使ってみて、うまくいったらスタッフを採用するという手もあります。

メリット

・相手は事務のプロ。一から教えなくても、効率よく事務作業をこなしてくれるため、

お願いしたいことだけ手放すことができる
・プロ同士で仕事ができるため、ミスや納期遅れなどの不安がない

デメリット

・自分でスタッフを雇うよりも若干割高
・担当分野以外は違う会社に依頼しなければならないケースも（相談に乗ってはくれると思いますが、割高になることも）

■2　自分のブログやSNSを通じて探す

ブログやSNS経由で人材を募集するという手もあります。

私の場合、ブログの読者さんが2500人ほどいたので、まずブログで最初のスタッフを募集しました。

「雑貨屋さん開業について近くで学びたい」「バイヤーになりたいから一緒に海外に行きたい」などさまざまな目的で多くの応募があった中で、ひとりだけ「仕事内容」に興味を持って履歴書を送ってくれた人がいました。

その人をすぐに採用し、そこから6年間、一緒に働いてもらいました。

雑貨の仕事塾Ⓡの塾生さんで、ハンドメイドのブランドを運営している人の中には、ツイッターで「手伝ってくれる人がいてくれたらなぁ」とつぶやいたところ、「お手伝いします!」というメッセージが届き、今はキットを作ってもらったり、販売のお手伝いをしてもらっているという方もいます。

故障の修理に来たミシン屋さんに話をして、近隣の方を紹介してもらった人、縫製専門のサイト経由でつながった方に、チームメンバーとして作品作りをしてもらっている人もいます。人のご縁はいろんなところに転がっているものです。

メリット

・お金がかからない
・あなたのファンである場合が多く、「力になりたい」と積極的なメンバーと出会える

デメリット

・遠方に住んでいるケースもあり、その場合はネットを使ったやりとりがメインとなる。仕事の道具を送る送料の負担が増えることも

■3　求人広告を活用

ここ数年、弊社では求人広告を活用しています。かかる経費は1回あたり大体3万~5万円程度。ひとり目のスタッフ以降は全員、求人広告から採用しました。

利用して思うのは、近年は掲載したからといって、それほどたくさんの人が集まるわけではないということ。とは言いながら、私の会社は「ハンドメイド」という身近で柔らかいイメージを持たれやすい業態なので、一度の求人で20件くらいの応募があります。ただ最近のシステムとして、簡単に応募できることで、その後、履歴書を郵送してくれる人は応募者の4分の1ほどです。

最近は、短時間でサクッと働きたいという求職者のニーズに応えて、履歴書を送付してもらうことなく、すぐに面接する会社さんが増えていると聞きます。それでも私は、必ず履歴書を送ってくれた人の中から選ぶようにしています。そのほうが本気度と熱意を感じられるからです。また、私自身が手書きの字にコンプレックスがあるた

め、できれば採用するスタッフは字のきれいな人がいいという願望もあります。

メリット

・個人ではなく、「仕事」に興味を持ち、「働きたい」という前向きな意志を持ってきてくれる人と出会える可能性が高い

・保有スキルや能力、人柄などを履歴書で知ることができるため、自分のビジネスに必要な人材を確保しやすい

デメリット

・なんと言っても広告費がかかる

・掲載したからといって採用が決まるわけではない

ママ友や友人に仕事をお願いしない

チームを作ろうと思ったタイミングで、「よかったら私、手伝うよ」とママ友や幼なじみが声をかけてくれることもあるでしょう。忙しいあなたの姿を見ての提案なので、とてもありがたいですよね。

ところが、チーム作りで失敗する大抵のケースが、「ママ友、幼なじみ、友人と一緒に仕事をする」ことにあるのです。

親しい間柄だからこその甘えが互いに出てしまう、というのが理由です。「子供が熱を出したから、今日はお手伝いができないの」や「用事ができたから今週は行けないわ」といったプライベートな話に、あなたも「お友達だから」ということで言いたいことが言えなくなりますよね。

また、最初は「あなたがうまくいってくれるのが嬉しいからタダでもいいよ」とか、

「安くても手伝うね」と応援してくれていたお友達が、そのうちに「こんなに時間を取られてこれだけしかもらえないならやめたい」と言われるようなケースもあります。特にお金の話が絡むと、その後の友情まで崩れてしまいかねません。

身近な人だとチームを作りやすいと思うかもしれませんが、大事なのは近くにいることよりも**同じ方向を見て、同じマインドでお仕事に向き合えるか？**ということ。ママ友、幼なじみ、友人には別の形で快く応援してもらいましょう。

私の場合、毎日出社せず、ZOOMやメールだけでやりとりをするスタッフと、週に数日、事務所でお仕事をしてもらうスタッフ、そして社員がひとりいます。

どういう働き方であったとしても、自分が何をめざしていて、どういう人のためにお仕事をしているのか、私の起業ストーリーやミッションを見てもらうようにしています。チーム作りに**大事なのは「お金」ではなく「同じ方向を見ている」ということ**です。そのため、あなたの起業の背景をしっかりと見てもらい、あなたのストーリーに共感してくれた人であれば、あなたと一緒に喜びも分かち合えるようになります。

仕事の振り方と育て方

■まずはマニュアル作りから

どんなに優秀で経験豊富な人であっても、苦手な仕事はあります。

せっかく人を雇ったのだから、自分が苦手なことはまるっと全部任せてしまいたいと思ってしまうかもしれませんが、いきなり全部を任せると、自分が思う通りにいかない場面が多々出てきます。

私の場合は管理業務、整理整頓などコツコツと根気よく取り組む仕事がとても苦手なので、採用の際には私と真逆のタイプの人を選びます。

仕事を覚えてもらうためには全体の流れを知ってもらう必要があったので、それを説明した上で、必要な仕事のマニュアル作りをスタッフ本人にしてもらいました。話を聞いて覚えるのではなく、本人にマニュアル作りというアウトプットをしてもらうことで、仕事を覚えてもらいやすくなります。

最初はこちらが教えた通りの流れで業務を進めてもらいましたが、流れを覚えていくうちに自分なりの工夫ができるようになります。

こうして少しずつ仕事を覚えてもらいながら、次にできることを振っていき、今では出張でセミナーを開催すると伝えただけで、セミナー募集ページの準備から会場の手配まで、全部スタッフがやってくれるようになりました。

■スタッフには感謝を伝え、情報を共有する

スタッフいわく、集中している時の私には「話しかけないでオーラ」が出ているそうです（笑）。

少人数ながらも事務所で一緒に仕事をしているので、気軽に声をかけやすいこともあるでしょうが、相手の都合に合わせることができないこともあります。不意に違う話をはじめたり、聞いたりはお互いによくあること。集中していればいるほど「イラッ」とすることもあるかもしれませんが、私自身、なるべくスタッフに直接、感謝の

言葉を伝えるようにしています。

「〇〇さんがいてくれるおかげで安心してお仕事ができます。ありがとう」

「いつも受講生さんのことをサポートしてくれてありがとう」

私ひとりでは何もできないので、私ができないことをしてくれるスタッフには、いつも感謝の思いでいっぱいです。

何かでイライラする、相手に不満を感じる、それは感謝の気持ちを忘れている時です。そんな時こそ、いつも一緒に仕事をしてくれるスタッフに感謝を伝えます。

受講生さんから言われた感謝の言葉も、スタッフと共有しています。私の仕事は、受講生さんあっての仕事で、スタッフのお給料が払えるのも受講生さんがいてくれるからです。こうしたことを折に触れて伝えることで、スタッフが私の考えを理解してくれるようになります。

基本的には、スタッフを育てようという意識より、**会社がいい方向に進むために、私が思っていることを共有する**ことを大事にしています。

5章

10年後も仕事がうまくいく人のマインド

実は、雑貨屋さんを運営する会社のOLをしていた時に、私は一度、起業に失敗しています。

30歳の時に自宅の一室でフェイシャルエステティックとリフレクソロジーのサロンをオープンしました。

当時、英国式の足裏マッサージ・リフレクソロジーが話題になりはじめていて、その資格を海外で取得した女性がいました。雑貨屋さんで立ち仕事をしていた頃に、足の疲れやむくみに悩まされたことがあった私は、彼女のもとを訪れて話を聞き、さらに独学で身につけた技術を提供したら、自分のように立ち仕事をしている人たちや健康志向の人たちに役立つだろうという思いがありました。まだ認知度が低かったリフレクソロジーに、女性なら誰もが好きなフェイシャルエステを組み合わせたら、地元でも仕事として成り立つかもしれないという目算もあり、自宅サロンの開業を思い立ったのです。

ただ、当時は雑貨屋さんの本社に勤務していたため、自宅サロンは土日・祝日の営業に限られます。雑貨屋さん開業を夢見ながらも、「キレイになれる仕事」にも興味を持ちはじめていた頃なので、自宅サロンがうまくいったら、本格的にリフレクソロジーやエステのサロンを持つのもいいなと思っての週末起業でした。

化粧品会社の研修を受け、必要最低限の器具やベッド、スチーマーを購入し、地域新聞に広告を出し、土日限定のサロンをオープン。広告を見た方や母のお友達が次々に予約を入れてくれたこともあり、幸先のよいスタートを切ることができました。

ところが、平日は会社の仕事、週末は自宅で仕事となると、お休みする時間も、友達と遊びに行ったりデートをする時間もありません。また、予約は入る時もあれば入らない時もあり、プライベートな予定を決めることができません。

単なる思いつきではなかったけれど、うまくいったらサロンもいいなという程度のモチベーションでは続けることができず、結局、1年も経たずにサロンはクローズすることになりました。業者さんから仕入れた大量の化粧品と自作の看板が残り、しばらくの間はそれを見るたびに「反省しろ」と言われているような気持ちになりました。

この時の失敗で気づいたことが2つあります。

ひとつ目は、「好き」の角度を間違えると、仕事にならないということ。

今でもリフレクソロジーやフェイシャルエステは大好きです。でも、私が好きなのは、提供する側ではなく、受ける側として好きなことだということ。

今でもエステに行くと、素敵なお仕事だなと憧れる気持ちはあります。その一方で、私にはその技術を極め、知識を深める学びの時間を持つことはむずかしいだろうとも考えます。

「好き」にはさまざまな角度があって、見誤ると、軌道修正するのに時間がかかってしまいます。それでも取り組みたいと思うのであれば、心の準備も必要になります。

2つ目は、「うまくいったら」というモチベーションでは乗り切れないことがあるということ。

自宅サロンの失敗から約8年後に、フリーランスとして独立しました。この時も、自宅サロンと同様に未経験のライター業での独立でした。

自宅サロンの時とライターとしての起業の大きな差は何だったのか？　それは「覚悟」の違いかと思います。自宅サロンの時には「うまくいったら継続する」という条件がありました。つまり、うまくいかなかったら継続しないということ。そこには「絶対にうまくいくようにする」「うまくいくまでやる」という覚悟がありません。

ライターとして起業した時の私には、取り組む覚悟と目標がありました。10年間で10冊の本を出版するという、当時に自分にとっては大きすぎる目標も、結果、達成することができました(自費出版、電子書籍を含めて12冊の出版)。

なんでもやってみないとわからないので、自宅サロンにチャレンジしたことは私の素晴らしい経験のひとつになったと思いますが、覚悟のないチャレンジだと、継続することはとてもむずかしいのだと身にしみて実感しました。

1章から私がフリーランスとして起業してからの話をお伝えしてきましたが、ご覧の通り、何度もピンチを経験しています。それらを乗り越えて、なんとか今の私があります。

ピンチが訪れた時、乗り切るために必要なのは、お金や起業仲間、応援してくれる家族・友人だけではありません。何より大事なのは、壁を乗り越えるあなたの「マインド」ではないかと思います。そしてその「マインド」は、たとえ今は小さなものだったとしても、壁を乗り越えていくたびに成長していきます。

成長の過程も楽しみましょう!

褒め体質でいよう！

「しおりちゃんが立った!!」

駅から私の事務所に向かう途中に公園があり、公園には保育園が併設されています。

ある時、その公園を歩いていると、まだよちよち歩きの子供たちがベランダで遊んでいるのが見えました。

かわいいなぁと思って見ていたら、先生らしき女性が、

「あれ!? しおりちゃんが立った！ わ～びっくりした。しおりちゃん、やったね～おめでと～～」

と言うのです。

まわりの先生も「わ～、おめでとう！」と拍手をしはじめました。

周囲のチビちゃんたちも笑顔で拍手！ 私も思わず通りから拍手してしまいました。

しおりちゃんが人生ではじめて2本の足で立ったということ。2本の足で歩きはじめて50年以上になる私にとってはごく当たり前のことで、自分が2本の足で立つことに感動も何もありません。でも、誰にでも「はじめて」の時があるということを思い出させてくれました。

あの日はじめて立ったしおりちゃんは、これからヨチヨチと歩きはじめ、そのうちにかけっこもできるようになり、三輪車に乗ったり、鉄棒の逆上がりもできるようになっていくでしょう。

ところで、あなたは忘れていませんか？　どんなことにも過程があるということを。

起業すると、うまくいかないことにもぶつかります。つい人と自分とを比べてしまったり、ＳＮＳでちょっと攻撃的なことを言われるようなこともあります。

そのたびに、「あの人はブランディングもできていて、売上も伸びていて、なのに私は何もできていない……」「こんなことを言われる自分は、この仕事に向いていないのかな……」と落ち込んでしまうケースをたくさん目にしてきました。

でも、何かをはじめてすぐにうまくいくことって、あるでしょうか？

何かに挑戦してすぐにうまくいくとしたら、今日立ったばかりのしおりちゃんは、明日には逆上がりができるようになっています。

そんな奇跡、いや、マジックはないですよね。

だから私は思うのです。自分の挑戦を「失敗」か「成功」かで考えてはならないと。


挑戦してうまくいくまでには「成長」という過程があります。

「失敗」か「成功」かのいずれかで決めてしまうとしたら、「成功」するまではすべて「失敗」となってしまいます。

そうなると「自分ってダメだ。自分は情けない」と自分を責めたり、「お客様が悪いからだ」と人のせいにもしたくなるでしょう。


もしもあなたが今うまくいっていないとしたら、それは「成功」までの過程にいるということ。

大きな成果は見えていないかもしれないけれど、チャレンジしたこと、失敗で得たことは全部「成功」までの道のりです。

どんな小さなことでも「できるようになった！」と自分を褒めることができるようになったら、どんどん成長します。

反対に、失敗ばっかり数えていたら、いつまでも勝ち癖がつきません。たくさんの失敗は「もっとよくなるための課題」。だから、チャレンジした自分をもっともっと褒めてください。

私自身も目標が高いので、いつもチャレンジしては落ち込んでいました。今は自分の成長を褒めることができるようになったので、いつも「こんなに成長できた！」と自分に自信が持てるようになりました。

あなたの1歩が仮に「アリのような1歩」でも、自分の成長を褒めてあげてください。

ひとりで乗り越えられないことはお金に頼る

雑貨の仕事塾®というブランディング塾を立ち上げてからしばらくの間は、全部自分ひとりで考えたり、成功している他のジャンルの講師がやっていることを見よう見まねで取り入れ、やっては失敗、やっては失敗を繰り返してきました。

それでどうにか年商1500万円くらいの売上を作ることができるようになりましたが、その辺りで伸び悩んでいたので、思い切って「何か」を習おうと決めました。

ただし、その段階では「自分に何が足りていないのか」はわかりませんでした。

その頃は「キラキラ起業」が流行っていて、起業初心者向けの講座がたくさんありました。私はもっと先の段階にいる自覚があったので、できれば経営面も含めて学べるところを、とリサーチしていました。

そして選んだのは、1年間で約200万円かかる経営塾に思い切って入ることでした。超高額なので、きっと自分が知らない「何か」が学べると大きな期待をしていました。ユニークな経歴を持つ男性が講師で、一緒に学ぶ人たちもほぼ男性。そして年商は私の倍以上の人ばかり。そんな場に自分がいるというだけで、入った当初はワクワクしていました。

その塾は「自分で課題を見つけて修正していく」ことを方針としていたため、そもそも「自分の何が問題なのか?」がまったくわからなかった私は、問題も課題も定義することができず、1年という時間とお金を棒に振ってしまいました。

この時に私は思ったのです。

「世の中の高額講座はみんなこういうところばかり!」と。実際には、学ぶ目的が明確ではなかったことが原因なのですが、勝手な思い込みで、さらに「自分でやっていくしかないのだ!」と腹をくくりました。

その後も同じように、成功しているように見える人たちをリサーチしては、自分なりにチャレンジするものの、結果としての数字が伴いません。

ある時、講座の新規受講生を、動画を使って募集しました。動画を使った集客には慣れていたので、400人のリストを集めることができました。その後、体験セミナーを開催すると、400人のうち40人が参加。40人もの人が参加してくれたのだから、半分くらいの人は講座に入ってくれるだろうと楽観視していたら、ご成約いただいたのは、たったの3人。動画集客から体験セミナーの流れは完璧にできているはずだから、成約できなかったのは集まった人がたまたま悪かっただけ！　と結論づけていました。

ところが、知り合いの女性コンサルタントにこの話をしてみたところ、さらりと「アケミさん、セールスがうまくいかないのですね」と言います。

そこではじめて、「私の問題は『セールス』にある」ということに気づかされ、すぐに「セールス」を学べる場所を探しはじめました。

ようやく見つけたのが、セールスのコンサルティングをしている女性講師。すぐに連絡をして、マンツーマンのレッスンを受けることになりました。2ヶ月で15万円のコンサルティングを2クール学んだ結果、私のセールススキルはめきめきと上がり、苦手を克服できるようになりました。

その後、動画を使った集客方法を教えている男性講師に出会い、人柄に惚れ、講座を受講しはじめました。私が今まで自己流でやってきたこと、見よう見まねでやってきたことを、ようやく論理的に理解できるようになりました。

さらにブラッシュアップするために、その方が師事している高額な講座を受講。そこでついに、それまで達成することができなかった目標を、半年も経たずに達成してしまったのです。

200万円の塾から約3年間。ずっとモヤモヤしていた「課題」が明確になり、さらに自分自身の知識が増え、お客様にも喜んでいただけるようになりました。そこに至るには、正しい方法を選べばよかっただけでした。

もし、今の自分に足りていないことがわかっているのであれば、自分ひとりでどうにかしようとすると時間がかかります。時間をかけるか、もしくはお金をかけるかで考えると、お金によって時間を短縮できるのであれば、短縮できた時間でさらにブラッシュアップし、売上を上げていけばいいのだと思えるようになりました。

今の自分に何が足りていないのかがわからない場合には、資格を増やしたり、技術を高める講座だけではなく、売り方を学べるマーケティングの講座に参加することをお勧めします。どういう場所、講師を選んだらいいのかと言うと、その講座での実績はもちろんのこと、**講師自身が、あなたのなりたい姿で活動しているのか？**という観点でリサーチするのがいいでしょう。

私自身、動画を使った集客やプロデュースを学ぶ塾では、私が経験したことがない人数の受講生さんをサポートしていたので、講座の進め方、課題の作り方、サポートの方法まで間近で見ることができました。自分が受講しなければ、きっと想像もつかなかったと思います。

起業してからも学びは大事です。学びがあるから成長していけます。

私のように闇雲に学びの場所を選ぶのではなく、本当に必要なスキルを学び、売上を上げながらお客様にも喜んでもらえるようにしていきましょう。

今、目の前にチャンスがある！

私は2匹のトイプードルと一緒に暮らしています。

男の子の熊五郎くん（通称クマくん）はとにかく甘えん坊なので、私が夜遅くに帰宅すると、寂しさからか、テレビ台におしっこをかけてしまうのです。

以前の私は、「疲れて帰ってきているのに……も〜〜」とイライラしながらクマくんの粗相を始末していました。

ところがある時から、イライラすることがなくなりました。逆にクマくんに「ありがとう」と感謝できるようになったのです。

私がクマくんの粗相に感謝できるようになったのは、「起きていることにはすべて意味がある」という考え方からです。

多くの著名な方が本に書いている言葉で、誰が言いはじめたのかはわかりませんが、ある時、この言葉を書き留めた手帳が出てきてから、「なぜ、これが起こっているのか？」を考えるようになりました。

先のクマくんの話もそうです。

起こっていることにはすべて意味があるとしたら、もしかしたら「床が汚れているからお掃除しなさい！」という意味なのかもしれない。そう思えるようになると、「床がきれいになったね、クマくんのおかげだね。ありがとう！」という感謝の気持ちが湧いてきます。

お気に入りのワイングラスを割ってしまった時も、「手放す時だったんだなぁ。今までありがとう！」と思えるようになりました。

あなたにアンラッキーなことが起こったとしても、そこにありがたい意味が隠れているとしたら、その意味を探すことで感謝できるようになります。

同じように、自分からポジティブな意味を探す癖ができるようになると、起こっていることすべてが「チャンス」になります。

以前参加したセミナーの講師の方が、こんな話をしてくれました。

「チャンスにはチャンスの都合がある！」

これは、「チャンスだってあなたの都合のいい時に訪れるわけではないのだよ」という意味だと思います。

世の中の多くの人は、お金があって、時間に余裕があって、体調もよくて、仕事も上向きで、そんな時にやってくるのがチャンスだと思っているかもしれません。

しかし、チャンスはあなたの都合に合わせてはやって来ません。玄関のチャイムをピンポーンと押して、「チャンスが来たよ〜！」とも言ってくれません。

つまり、**それがどんなにすごいチャンスだったとしても、自分が「チャンスだ」と思わなければ、いつまでもチャンスなどやって来ない**のです。

逆に「チャンスだ」と思った瞬間、それはあなたにとっての素晴らしいチャンスになります。

そんな風に考えていると日々、ポジティブ癖がついてきます。私自身、年を追うごとにいろんなことをポジティブに考えられる癖がつきましたから。

結果は口癖で変わる

勉強が苦手なお子さんとその親御さんのためのコーチングの先生をしているハリー上野さんは２０１８年、奥様のご実家の「風の牧場」を継ぐために佐賀県へＵターンしました。

遊びに行ったその牧場で、私はとても素敵な人生の先輩に出会いました。ハリーさんの義理のお母様です。

若い頃は人見知りが激しく、お友達も少なかったというお母様は、牧場を経営する男性と出会い、結婚しました。「人間と話すよりも牛さんと一緒のほうがよかったの」と笑って語ってくれた明るい姿からは、そんなお母様は想像ができませんでした。

牧場は食の大切さと生き物への感謝を楽しく学べる「酪農教育ファーム」として認定を受け、パン作りや酪農体験学習を受けつけています。認定を受けるまで大変な苦労をされたそうですが、「自分がやりたいことを口癖のようにまわりに語っていたら、助けてくれる人、協力してくれる人たちが次々に現われて、それを実現させてくれた」。そんな話を聞かせてくださいました。

そして、「将来は動物も人間も入れる温泉を作りたい」という夢も語ってくれました。自分が語った言葉を自分の耳が聞いて、その言葉が脳に伝達されたら、脳が37兆個の細胞に、「さぁ、動け〜」と指令を出してくれるのだそうです。

この話を聞いた時に、私はもっともっと自分の夢を語ろうと思いました。そしてどんどん実現させようと思いました。

自分の人生です。自分の成し遂げたいことは言葉にして命を吹き込んでいきましょう。私も言霊を信じています。

いい口癖で自分に指令を出しましょう。

風の牧場　https://kazahayakogen.com

「決断する」ことも前向きに

2018年に、それまで4年間続けてきたサービスを終了しました。2980円で毎月1本、ハンドメイド品の販売に関する学びを提供するコミュニティで、オンラインサロンのようなものです。

実はこのサービスを運営する上で、私の中には「もっと満足度を上げ、もっとたくさんの人にご利用いただけるようにしたい！」という思いと、「ここに時間とエネルギーがかかると、他の受講生さんのサポートができなくなる」というジレンマがずっと続いていていました。

役割を分担しようと、スタッフとミーティングを重ねながらチャレンジしたものの、他の業務もあり、コミュニティ運営に集中できるスタッフが育たず、継続するべきか、やめるべきかと何かにつけて頭を悩ませていました。

4年続けてきたサービスですし、お客様も200名以上いらっしゃいました。スタッフのお給料分はそこで稼ぐことができていたこともあり、「はい、やめます」と簡単に決断はできません。

そんな中、一緒にそのサービスを立ち上げ、メインでサポートしてきてくれたスタッフが独立するために退社することになりました。つまり、誰もサポートできないサービスになってしまうのです。

ここで私は「やめる」決断をしました。お客様への告知からサービス停止まで3ヶ月かけるスケジュールを作り、終了となりました。

お客様の数が多く、また収益を上げていたサービスを終了するのには勇気がいります。しかし、そうすることで、スタートに踏み切れなかった新サービスをはじめることができました。

小さなビジネスの場合、何かをスクラップしなければ、できないことがたくさんあります。起業が長くなると、いくつもの決断の時が訪れます。そしてそれはあなたにしかできない決断なのです。

迷っているだけでは進みません。よりよくなるために、何をスクラップし、何をビルドするのか、決断が前向きなきっかけになるということをあなた自身が信じましょう。

「私らしさ」って何？

もう随分前の話になりますが、お店の開業についてご相談を受けたことがありました。資金的なゆとりはない方だったので、なるべく小資金で開業し、続けていくための方法を提案させていただいたところ、ある日、「このお店は私らしくないので開業するのをやめます」と短文のメールが届きました。

お店をやるかやらないかはもちろんその人が決めることです。ただ、どの点が「私らしくないのか？」としばらくの間、疑問が残りました。
それをきっかけに、「私らしい」ってなんだろう？　と考えるようになりました。

私たちは頻繁に「私らしく」「私らしい」という言葉を使います。その「私らしさ」という言葉が、時と場合によって都合よく使われ、受け取った側が混乱することがないでしょうか。

わからないことは検索すればなんでも調べることができますが、「自分らしさ」「私らしさ」はその人にしかわからないことです。

今は価値観が多様化し、さまざまな意見があります。仮に自分と真逆の考え方に出会った時には、その多様性を受け入れる柔軟性を持つことが求められています。ただし、自分の軸を持っていないと、流されてしまう危険性もはらんでいます。

自分が「自分らしい」ことの意味をわかっていないのに、その言葉ひとつで片づけようとすると、結局いろんな場面でブレが出てくるものです。

最近ではブログやSNSを通じて「自分」を発信するのが当たり前になりました。

自分が好きなこと、好きなもの、大切にしていること、大切な人、こうありたいと思うこと――それに一貫性を持つことで、本当の意味での「私らしさ」を語れるようになるのかなと私は思うのです。

あなたの「私らしさ」の引き出しには何が入っていますか？

私はこれを「私の成分表」と呼んで、毎年1月に見直しています。私が大切にしたいこと、大切にしたい人、大切にしたい考え方を書き出しているのです。

この「成分表」は「クレド」を参考に作っています。「クレド」とは、自分が守るべきルールや行動指針のことで、これがあることでブレない自分の軸ができ、つまりは「私らしさ」を確認することにつながります。

私が大事にしていること、「マッドアケミらしさ」の成分表はこちらです。

★1日10分間は自分のための文章を書く

★大切な人たちの夢も応援しよう！

★シンプルに生きる（物を増やさず、物を大切に）
★がんばっている仲間たちの悪口は絶対に言わない
★恋をしよう
★ワールドクラスの思考で動く
★「楽しい」を率先しよう
★根気よく、根気よく！
★「きれいな人」に影響を受けよう
★夜寝る前に10人の人に心の中で「ありがとう」を言う
★妹孝行をする
★今年90歳になるお母さんにいつも「愛している」を伝える

■「私らしさ」の成分表を作る7つの質問

1　あなたが大切にしている言葉、好きな言葉を教えてください。

私の大好きなブランディングの講師・村尾隆介さんはこうお話ししてくれました。

「あなたの好きな言葉を聞けば、あなたがどのような人生を送ってきたのかがわかる」

毎年成分表の見直しをしている私にも、その時々で大切にしたいと思う言葉があります。前年と同じ言葉もあれば、新しく加わる言葉もあります。その言葉を毎日口に出して自分に聞かせることで、意識が変わってきます。

2　過去にあなたが叱られた言葉と、そこから得られた学びについて書いてみましょう。

以前の私は、誰かと比較して落ち込んだり焦ったりすることがありました。毎年訪れる成田山新勝寺にある、占いの館の占い師の女性から、ズバリそのことを指摘されました。「あなたがうらやんでいる隣の芝は腐っているのよ」と。「隣の芝は青い」をもじったもので、「うらやんでばかりいないで、自分のやるべきことをしっかりとおやりなさい！」というお叱りを受けたのでした。

２０１７年の私の「成分表」には「私は私がやるべきことをしっかりやろう」と書かれていましたが、２０１９年にはその言葉はなくなっています。そのお叱りで成長したということですね。

3　あなたが褒められて嬉しいのはどのようなことですか？　どんな風に褒められたら嬉しいですか？

日本人は褒められると、つい「いえいえ」と謙遜しがちですが、私の外国の友人たちを褒めると「ありがとう」と気持ちのいい返事が返ってきます。そんな風に、褒められたら素直に「ありがとう」と笑顔で言える自分でいたいですよね。そして、人に対してはいいところを褒められる自分でありたいと思っています。

4　あなたが素敵だと思う人はどのような人でしょうか？　具体的な人物の名前を挙げて、その人がどんな風に素敵なのかを書いてみましょう。

私は本を読んで「いいな」と思ったこと、テレビを観て「これはマネしたい」と思ったことは、なんでもすぐにやってみるようにしています。憧れの女優さん、ミュージシャン、作家さん、本や漫画の登場人物。誰であっても、あなたが魅力的だと思う人にはきっと理由があるはずです。あなたが素敵だと思う人の仕草、言葉遣い、ファッション、立ち振る舞いにいい影響を受けましょう。

5　あなたの幸せは何でできていますか？　幸せと感じる時間、モノ、コトを書き出してみましょう。

「人は幸せになるために生きている」。これは以前、私が参加したマヤ暦を学ぶ教室の講師がお話しになっていた言葉です。それから「幸せに生きる」ことを日々考えるようになりました。大好きなミュージシャンのライブに行くことや海外旅行に出かけることだけでなく、ワンコたちとのお散歩、母と一緒にいただくご飯の時間など、日々の小さなことに幸せを感じられるようになりました。

6　あなたが幸せにしたい人は誰でしょうか？　その人たちにどんな風に幸せになってほしいですか？　具体的に書き出してみましょう。

私が幸せにしたいのは家族であり、友人であり、塾生さんたちです。相手の人それぞれに「幸せ」の形があるとは思いますが、私と関わりのある人たちが笑顔でいられるような環境を作りたいと思っています。

7　あなたが日頃心がけたいことを書き出してみましょう。それを実践するとどうなりますか？

私が意識して心がけているのは、「感謝を伝える」ということです。「ありがとう」は魔法の言葉で、どんなにイライラしている時も、心の中で10個の「ありがとう」を呟くだけでイライラがなくなり、表情が穏やかになってきます。この心がけこそ、「私らしさの成分表」に書いて常に意識することで、人として成長できると信じています。

書き出した言葉の中から、あなたが特に大切にしたい言葉、日々意識しておきたいことを10個くらいにまとめてみましょう。メンタル面の言葉が多いとか、体や健康面のことが多いなど、書いてまとめることでその時の自分の状態がわかります。

できればメンタル面のこと、健康のこと、人間関係のことなどバランスよくまとまるといいかと思います。

書き出した紙はいつでも見ることができる手帳やスマホケースの中に入れておきましょう。毎朝、必ず「成分表」を声に出して読み上げることで、あなたの細胞が動きはじめます。

参考文献『My Credo』浜口隆則＋村尾隆介著 かんき出版

6章

悩みは成長のサイン
ステージアップのための課題解決

Q

もの作りを「仕事」として続けたい！　と思っているのですが、今までお友達にタダであげたり、材料費だけで作っていました。今からお金をもらうことはできるのでしょうか？

A

お見積もり書を用意しましょう

「相談に乗って！」とか「私にも作って！」と言われるけれど、お金をいただけない……という話をよく聞きます。

私も起業してすぐにHPを開設したところ、仕事としての依頼ではなく、悩み相談のメールがよく届きました。当時は「これはお答えしたほうがいいのか、それとも仕事のメールではないので無視していてもいいのか？」と悩んだことを覚えています。

今でこそ、迷うことはありませんが、その当時は答えてもモヤモヤ、答えなくてもモヤモヤしていました。

結論から言えば、**プロとしてお金をいただいているということをお伝えしたほうがいい**と思います。お金をいただいてアドバイスしている、お教えしているということをわかってもらうために、料金ページ、もしくはお見積もりページを用意し、そちらへ誘導することがプロとしての立ち振る舞いになるでしょう。

私も最初は「お見積もりしますね」というひと言がなかなか言えませんでしたが、あいまいなご相談が続くうちに応対に慣れました。今はコンサルティングページをご案内するか、もしくは講座のページをご案内しています。

では、お友達からの「相談に乗って」とか「作り方を教えて」という声にはどう対応すべきでしょうか？　「お見積もりするね」とはなかなか言いづらいものです。

まず、お友達はあなたが起業し、プロとして仕事をしていることを知っているでしょうか。

「(いつから）こういう仕事をしている」

「今は仕事が立て込んでいるから、ちょっと時間がかかってしまうかもしれない」

「お客様にもあなたにも迷惑がかからないように順に対応したいから、次回からはHP（ブログ）から申し込みをしてほしい」

ということを伝えてみましょう。

あなたを本当に応援してくれるお友達であれば、快く聞き入れてくれるはずです。もしもこの件で距離が離れるようであれば、自分のステージが変わり、お友達づき合いに変化の時が来たのだと割り切ってみてもいいのではないでしょうか。


もし、仕事の実績がなく、自信が持てない場合には、自分で「〇人までは無料で受ける」と決めて数稽古をこなしてもいいと思います。

ダイエットのアドバイスで起業を考えている管理栄養士の女性は、会社員時代の経験はあるものの、独立してからの実績がなかったので、まずは無料のモニターさんを募りました。モニターさんには、「お客様の声をいただく」ことを前提に、お写真、声を後でHPやブログなどで使わせていただくという了解を得て、その後に有料のサービスをスタートさせることができました。

実績ゼロで起業する場合には、少しでも経験を積み、お客様の声を集める。実績を自信につなげるためには量をこなす。すると必ず自分のお仕事の次の段階が見えてきます。

Q

「起業したい」と思い続けてもう3年になります。資格も取り、SNS集客やセールスの高額講座にも参加しました。でも、どうしても失敗するのではないかと不安です。どうしたら失敗しないで起業できますか？

A 人生に「絶対」はありません。経験して自信をつけましょう

誰もが、できれば失敗したくないですよね。私も失敗したくありませんでした。その気持ちはよくわかります。その上でお伝えすると、どうしても「失敗したくない」と思うのでしたら、答えはひとつしかありません。「起業しない」ことです。

以前、雑貨屋さん開業のコンサルティングをしている時にも同じようなお悩みにお答えしました。「絶対に雑貨屋さんを開業したい。でも絶対に絶対に失敗したくないので、失敗しない方法を教えてください」と聞かれたことがありました。

その答えは明確です。「雑貨屋さんを開業しない」こと。

そもそも人生にもビジネスにも、「絶対」というお約束はありません。「絶対」がないのですから、やるのだったらやる、やらないのだったらやらないと、自分で決めるしかありません。

私自身は、元々の性格なのか、「失敗する」とか「できないだろう」と考えたことがありませんでした。「著者になろう」という思いつきのようなモチベーションにも、「なる」という未来しか想像しませんでした。「なる」と決めていたので、あとは未経験から経験を積み上げてきました。この本の最初のほうに書いてあります。すぐには手に入らない「理想の未来」でしたが、ゆっくりゆっくり「理想」が近づいています。

人生にも「絶対」はありません。あなたが「起業したい」と思うのであれば、現在のお仕事を続けながら、起業の練習をしていくこともできるでしょう。

「自信がない」のは、経験したことがないからです。なので、経験してみましょう。

同じ起業仲間を作るのもお勧めです。資格取得や集客、セールスを一緒に学んだ人たちと情報交換しながらチャレンジしていくといいでしょう。がんばっている仲間がいることで、励ましになると思います。

Q

価格を上げたいと思っています。
どうやって値上げをしたらいいでしょうか？
また今までのお客様にはなんとお伝えしたらいいですか？

A **商品構成を変える、セット販売する、思いを伝える、サービスの価値を高める**

物販をする方と、講師やコーチ、コンサルタントの方の場合でお答えします。

まず物販の方の場合、3つの方法があると思います。

ひとつ目は商品構成を変えて、今まで販売していたものよりも、より価値があり、高い価格帯のものを加えるという方法です。仮に現在の売れ筋の価格帯が5000円くらいだとしたら、5000円より少し高い5500〜5800円の商品を増やしていきます。5500円のものが売れはじめた段階で5000円の商品の販売をストップするという方法です。

お料理や品物のランクを表わす「松竹梅」の価格帯の品揃えをすることが大前提で、この場合だと、松ランクの商品を追加するイメージです。松ランクの商品を追加するには、現在の価格で商品やサービスが売れていることが条件になります。

2つ目が売り方を変えるという方法です。

それまで単品で販売していたものをセットで販売していく方法です。

たとえば、イヤリング単体で販売していたなら、ネックレスやブレスレットとセットにして販売することで、単価アップが見込めます。

全商品をセットにする必要はなく、クリスマスやバレンタインといったイベントの際に売れ筋商品のセットを作れば、特別感が出て単価が上げやすくなります。

3つ目は「正直にお伝えする」ことです。

これまで何度も値上げの相談を受けてきて、そのたびにお伝えしているのが、「自分の思いをしっかりと伝えよう」ということ。自分の思いを伝えるためにぜひお客様にお見せしてほしいのが1章でご紹介したストーリーです。ストーリーをご紹介した上で、最後に自分がめざしていること、ミッションをお伝えし、それをお客様に約束します。

たとえば、「私の作るパンがあなたとあなたのご家族を健康にし、笑顔を作ることが私のミッションです」とお伝えした後で、「今まで以上に技術を向上させ、素材にこだわりを持ち、あなたの大切なご家族に安全で安心なパンをお届けするために、値上げを決意いたしました。これからもまたより一層、喜んでいただけるよう心を込めてお届けしていきますので、今後も応援をお願いします」と締めくくります。まずはあなたの思い、見えていないあなたの背景をしっかりと見せることで、決意をお伝えするという方法です。

講師やコーチ、コンサルタントさんの場合には、サポート内容を厚くしたり、クライアントさんにとって有益な情報を追加するなど、自分が提供するサービス内容を、より価値の高いものにしてご案内するといいでしょう。

私の運営する雑貨の仕事塾®で、それまでの講座より約10万円高い講座の提供をはじめた際には、クライアントさん全員の個別面談の回数を増やし、直接アドバイスをすることで満足度を上げるようにしました。

今までと同じ講座で値上げをする場合には、**その講座でどれくらい実績を上げられたか**が大きなポイントになります。「実績が上がる」＝それだけ価値の高い講座であるということで、徐々に値上げしていくことも可能です。


値上げについては、どう対応しても、一部のお客様が離れてしまう可能性はあります。私も何度も経験していますが、それは自分のステージが上がる時に訪れる、絶対に乗り越えなければならない壁でもあります。

そのままでいくか、もう1ステージ、自分を向上させていくか。気持ちの上での覚悟は必要です。でも、恐れることはありません。あなたがお役に立ち、なおかつこれからおつき合いしたいお客様たちと出会える機会なのですから。

Q

起業して2年目で、だんだんとお仕事をいただけるようになりましたが、すでに手いっぱいの状態です。やめる気持ちはありませんが、このままの状態が続くと思うとため息が出ます。どういう気持ちで乗り切ったらいいのでしょうか？

A 今が「仕事を一部、手放す」タイミングかもしれません

お仕事が軌道に乗りはじめているということで、「今ががんばりどき！」と自分を追い込んでしまっているのかもしれませんね。

私自身は、目標数値には届いていなかったものの、このまま成長していけるだろうと判断した段階で、サポート業務をお願いできるスタッフを雇いました。

多くのおひとり様起業家は、「売上がいくらになったら人を雇おう！」と、それまでひとりでがんばり続ける傾向にありますが、目標に達していない段階でも、その後を見込んで自分の仕事の中から苦手なこと、自分がやらなくてもいいことを手放して

いくことで、心と体に余裕ができます。

今がちょうど、「理想の未来を作る」タイミングかもしれません。4章を参考に、今の自分の収入から「これくらいだったら出せる」という金額を算出して、あなたがやらなくてもいい仕事、苦手な仕事を手放していくようにしましょう。

Q 仕事の経験が増えるにつれて、自分が予想しない分野での依頼も入るようになりました。仕事の幅を広げるチャンスだと思うものの、いまいちやる気になりません。来た仕事を断ってもいいのでしょうか？

A 「理想の未来につながるか？」で判断する

自分のステージが変わるタイミングで必ずと言っていいほど生まれるのが、「このお仕事はお断りしてもいいのかな？」という葛藤です。

「自分を成長させてくれたお客様からの依頼をお断りするのは申し訳ない」という声はよく聞きます。「断ったら次の仕事がこなくなる」という不安の声も耳にします。

期待されているのだから、お仕事を受けなくっちゃ！　という思いから無理を重ね、倒れてしまっては元も子もありません。

こういったタイミングでは、私は必ず自分に問うようにしています。

「このお仕事は私がやるべき仕事かどうか？」

「やるべき仕事か？」とは、その仕事を受けることで、自分が思い描いている未来につながるのか？　ということです。もしくは、自分が掲げているミッションとイコールであるか？　ということです。

以前、私はテレビ番組に準レギュラーとして出演させていただいていたことがありました。番組内容は、部屋を自分の理想の姿に改造するという当時の人気企画。雑誌で活躍するスタイリストさんが、そのお部屋の持ち主さんのご予算に応じて理想のお部屋に変えるべくミシンでカーテンを縫ったり、小さな机を作ったりして改造するものです。このＤＩＹ企画はものすごく流行ったので、雑誌や他のテレビ番組でも取り上げられていました。

ところが私は一切、もの作りをしません。ミシンは使ったことがありませんし、まして電動ドリルなど触ったこともありませんでした。なので、番組のディレクターさんに何度もお断りしたのですが、ミシンの得意な人と家具が作れる人を一緒に連れてきてもいいという条件をいただき、私の回だけ「お部屋をプロデュースする」企画として出演させていただいていました。

テレビ番組に出ることで、周囲から「すごいね」と褒めてもらえたことは嬉しかったのですが、本音では、とても苦手なお仕事でした。

そんなある日、人気芸人さんがMCを務めるゴールデンタイムの番組から出演のオファーをいただきました。そのオファーとは、潰れそうな古本屋さんをおしゃれに改造してほしいというものです。ゴールデンタイムだし、お受けすることで別の仕事につながるかもしれない。でも、お店の将来がかかっていると思うと、数日間、悩みに悩みました。私があまりに暗い顔をしていたからでしょうか、知人が見るに見かねて、こんな風に声をかけてくれました。

「マッドさん、そのお仕事はマッドさんの未来につながるもの？」

そこで「そうだ！　これは私がやらなくてもいいお仕事だ！」と気がつき、すぐにディレクターさんにお断りの電話を入れました。

ある程度の経験を積み、「質」の高い仕事ができるようになってくると、今度は仕事を受けるか、受けないかについての悩みが生じます。

もし「やりたくない」と思ったのであれば、そこには何かしらの理由があるはずです。「やりたくない」という心の声に、「なぜ？」と問いかけてみましょう。

■やりたくない理由が「人間関係」

前向きな関係が作れない人間関係であれば、しっかりとお断りしたほうがいいと私は思います。

■やりたくない理由が「報酬金額」

あなたは今、仕事の「量」を追求する時なのか、それとも「質」を追求する時なのか？　で考えてみましょう。

もし「量」の時であれば、明らかにテーマが合わない、人間関係的にむずかしい場合を除いて、受けてみることで経験値を高めることにつながるかもしれません。

報酬が変わるなら受けたいということであれば、相手に自分からの見積額を提示してみましょう。交通費は別途支給など、条件を変えてもらえる可能性があります。

■やりたくない理由が「日程」

すでに別件の仕事が入っている場合には、比較的お断りしやすいですよね。そうでない場合、たとえば家族がお休みの日で、あなたも「起業しても家族の時間を大事にしたい」と考えているのであれば、家族を優先したほうがいいでしょう。

■やりたくない理由が「自分じゃなくてもできる内容だから」

自分じゃなくてもできる仕事であっても、好意的な人脈からの相談なら私自身はお受けすることもあります。明らかにそうでない場合には丁重にお断りしています。「相手が困るだろうから」とか「この先、別のお仕事につながるかも」と考えてお受けするケースもあるかもしれませんが、私の経験では、多くの場合「何でも屋」と評価されてのことが多いため、心を鬼にしてお断りするようにしました。
その結果、本当に「私だからお役に立てる」案件の相談が来るようになりました。断ることは、実はその後のために大事な心構えなのです。

■やりたくない理由が「自分の未来につながっていない」

先述の私のテレビ出演の例では、私自身がお部屋改造の専門家ではなく、将来的にそうなりたいわけでもありませんでした。テレビに出ることで注目はされるかもしれませんが、私が望んでいない立ち位置で認知されることになり、自分が望まない仕事が増える可能性があったので、お断りさせていただきました。

「報酬金額」にしても「自分じゃなくてもできる内容だから」にしても、相手はあなたを選んでいる理由があります。不本意な依頼が来ることは、あなたが何を望まれているのかを知ることにもつながるかもしれません。それがわかると、自分がすべきことが明確になると思います。

Q

私のアイデアを同業者がマネて自分のもののようにSNSで発信して困っています。どうしたらいいでしょうか?

A

気にせず、あなたのやるべきことをやりましょう

以前、あるヨガ教室に参加したことがありました。特殊な道具を使ったヨガで、体幹を鍛えられるし、体が無理なく伸びるのが気持ちよく、自宅から若干離れていたにもかかわらず、1ヶ月ほど通いました。

ある日、教室の先生とそのお弟子さんが近所にできたヨガ教室について話しているのが聞こえてきました。「近所の教室はうちのプログラムをマネしてる!」といった、ポジティブとは言い難い話でした。

私が携わっているハンドメイドや雑貨の世界でも、「マネした」「マネされた」とい

う話がよく話題になります。

マネをしているつもりがなくても、「マネされた！」と名指しでＳＮＳで発信されたり、オリジナルの作品よりも安く販売している、といった話も耳にします。

このような「マネ」問題に巻き込まれて消耗することがないように、次の３つのポイントを再確認しておきましょう。

■1　ブログやSNSで発信する

マネされるのが嫌でブログやＳＮＳに情報を載せないという方もいますが、ブログやＳＮＳに商品やサービス内容を掲載し、あなたがいつからその作品、サービスを提供しているのかを示しておくことは、万が一の際の証拠になります。自身の記録にもなりますので、ブログやＳＮＳなどを活用して発信していきましょう。

■2　商標登録しておく

最近はちょっと作れるくらいの人でも「ハンドメイド作家」と名乗って活動しています。そして多くの人が活動名やブランド名を持っているので、同じ名前のブランドが複数存在している可能性があります。「コンサルタント」にしても、資格があるわけではありませんから、誰でも名乗って仕事をすることができるのです。

こういった場合、先に名乗ったほうが使えるというルールがあるわけではないので、現在のブランド名や肩書でこの先も仕事を続けようと思っているのなら、商標登録をしておくことをお勧めします。

仮に、あなたのほうが長く活動していてファンがたくさんいたとしても、別の方が同じ名称で商標登録した場合、あなたは長く使っていたブランド名を使うことができなくなってしまいます。

あなたのブランドと、長くおつき合いしてきたあなたのお客様を守るためにも、商標を登録しておくことはとても大事なことです。

■3 やるべきことをやる!

1、2に取り組んだ上で、あなたはあなたのやるべきことをやりましょう。やるべきことをやるというのは、「マネ」問題に気持ちを持っていかれるのではなく、あなたが本当にやるべきことに力を注ぐという意味です。

ニットでふわっと軽いジュエリーを作るベルミヨンの平野孝子さんは、お友達から「孝子さんの作品にそっくりなジュエリーが雑誌に掲載されている」と聞かされました。それを見た孝子さんは、「似ているものが雑誌に掲載されているのであれば、私の作品の本が出せないわけがない！」と考え、出版社に企画書を送ります。その半年後に孝子さんの本は出版されました。

最初は戸惑いもあったでしょうが、見事に自身のモチベーションに置き換え、著書の出版でステージアップすることができました。

孝子さんはいつもこんな話をしてくれます。

「どうぞマネしてください。マネされることで私の作品がどんどん広がっていきます。そして私も、よりお客様に感動してもらえる新しい作品をどんどん作っていきます」

「マネされた！」というマイナスのエネルギーに引っ張られるよりも、あなたやあなたのお客様が喜ぶことをしっかりとやることのほうが大切だと教えてくれています。

また、別の友人がこんな話をしてくれました。

「お習字や絵を習う際に最初はお手本を模写するのと同じように、最初のインプットはマネでもいいかもしれない。でも、それを仕事にするのなら、アウトプットはマネではなく、オリジナルにならないと」

いいものをマネしたいという思いは誰にでもあることでしょう。私もいろんな講師の講座に参加し、見やすいレジュメの作り方や話の流れなどは参考にさせてもらうことがあります。でも、それをそっくりそのままやるのではなく、私の講座のコンセプトである「楽しい学び」に落とし込んでいます。

「インプットはマネから、アウトプットはオリジナル」。これこそがステージアップにつながります。

ベルミヨン　http://vermillon-t.amebaownd.com/

おわりに　2029年のマッドアケミからあなたへ

本を出版する作家になりたい！　と、それまでのキャリアをまったく無視してフリーランスのライターになった時はまだ30代。作家になりたいという思いだけで、経験したことのない仕事をたくさん経験し、そしてたくさんの挫折やピンチを乗り越えてきました。

心から書きたいと思う本が出版できたのは、今から10年前のことです。『経験ゼロから長く続ける　起業のステージアップ術』の編集を担当してくださった同文舘出版の竹並治子さんとは、その後もたくさんの本の出版をご一緒させていただいております。相変わらず、好き勝手に書きたいという私に根気よくおつき合いくださる竹並さんには感謝の気持ちしかありません。

また10年経った今も、「夢を実現したい！」「『好きなこと』で起業したい！」というたくさんの素敵な女性に囲まれて、楽しく仕事をさせてもらっています。

パリ、シドニー、ロスアンジェルス――世界中を旅することが大好きだった私ですが、次は月に行くことが決まりました。10年前には想像できなかったことがたくさん実現しています。

いろんなことが進化しましたが、ビジネスの基本は変わっていません。どうしたらお客様が興味を持ってくれるかな？　どう伝えたらお客様は喜んで商品・サービスを購入してくれるかな？　どんなにＡＩが発達しても、新しいツールが誕生しても、お客様の「欲しいです」という言葉を引き出すためには、お客様のことをさまざまな角度から見て、考えないと実現できません。

起業は相変わらず簡単にできます。でも相変わらず、続けることは難しいと言われています。最初は勢いだけではじめられますが、その後訪れる試練によって、「私ってダメだ……」「もう立ち直れないかも……」と落ち込むことが多々あります。それでも「続ける！」と決めている人だけが、長く続けることができるのです。

10年前に出版したこの本の中で紹介した、私の素晴らしい友人たちが今も私と同じようにどこかで楽しくお仕事をしていることと思います。私も、さらに10年、いや20年！　大好きな文章を書き続けていきます。

I LOVE ME　自分の人生を楽しもう！

マツドアケミ

動画セミナー
全３回を
無料でお届け！

- はじめての動画集客で300万円を達成したアクセサリー講師さん
- はじめての高額サービスの提供を実現した自然療法のセラピストさん
- はじめてのオンライン講座作りで自由な時間を手に入れたヨガインストラクターさん

はじめてさんでも
毎月・毎回の集客を手放して
安定した収益と自由な時間を手に入れる！

「自分の人生を楽しむための マツドアケミのI LOVE ME メールマガジン」と「無料動画セミナー３本」をお届けします。

ご視聴はこちらから！

https://zakkazakka.com/akemimatsudo-book/

著者略歴

マツドアケミ

有限会社 Blooming 代表取締役社長
「経験ゼロからはじめて長～く続く！『好き』で起業しステージアップを目指す女性のためのマーケティング塾」、ものづくり系起業＆ハンドメイド作家さんのためのブランディング塾「雑貨の仕事塾®」主宰

千葉県八千代市出身。専業主婦に憧れていた20代後半、当時つき合っていた彼と破局。「自分で自分を食べさせていかなくては！」と宅地建物取引主任者（現・宅地建物取引士）の資格を取得し、デザインを学ぶも、「やりたいことではない」と気づき自分探しをする中で、「雑貨屋さん」に出会う。
1999年12月『雑貨屋さんになりたいですか』（主婦の友社）の出版を機に独立し、2003年に法人化。有限会社 Blooming を設立。講師、コンサルタントとして著書の出版や雑誌・新聞への寄稿、テレビ番組への出演など、仕事ぶりは華やかながらも稼げず、生活はジリ貧に。一念発起して「雑貨の仕事塾®」をスタート。オンライン化×月額課金型コンサルティングでビジネスを安定させる。著書多数。『高くても売れる！ハンドメイド作家 ブランド作りの教科書』（同文舘出版）は台湾でも出版に。

経験ゼロから長く続ける
起業のステージアップ術

2019年3月21日　初版発行

著　者 ―― マツドアケミ

発行者 ―― 中島治久

発行所 ―― 同文舘出版株式会社

東京都千代田区神田神保町1-41　〒101-0051
電話　営業03（3294）1801　編集03（3294）1802
振替00100-8-42935
http://www.dobunkan.co.jp/

ISBN978-4-495-54027-2
印刷／製本：萩原印刷
Printed in Japan 2019